CB009863

Para

com votos de paz

DIVALDO FRANCO

PELO ESPÍRITO

JOANNA DE ÂNGELIS

VIDA PLENA

VIVE HOJE EM HARMONIA COM O UNIVERSO E TRIUNFARÁS

ASSOCIAÇÃO BRASILEIRA DE
DIREITOS REPROGRÁFICOS

EDITORA LEAL

SALVADOR
1. ed. – 2025

COPYRIGHT © (2021)
CENTRO ESPÍRITA CAMINHO DA REDENÇÃO
Rua Jayme Vieira Lima, 104
Pau da Lima, Salvador, BA.
CEP 412350-000
SITE: https://mansaodocaminho.com.br
EDIÇÃO: 1. ed. (1ª reimpressão) – 2025
TIRAGEM: 1.000 exemplares (milheiro 21.000)
COORDENAÇÃO EDITORIAL
Lívia Maria C. Sousa

REVISÃO
Adriano Ferreira · Lívia Maria C. Sousa
CAPA
Cláudio Urpia
MONTAGEM DE CAPA
Ailton Bosco
EDITORAÇÃO ELETRÔNICA
Ailton Bosco
COEDIÇÃO E PUBLICAÇÃO
Instituto Beneficente Boa Nova

PRODUÇÃO GRÁFICA
LIVRARIA ESPÍRITA ALVORADA EDITORA – LEAL
E-mail: editora.leal@cecr.com.br

DISTRIBUIÇÃO
INSTITUTO BENEFICENTE BOA NOVA
Av. Porto Ferreira, 1031, Parque Iracema. CEP 15809-020
Catanduva-SP.
Contatos: (17) 3531-4444 | (17) 99777-7413 (WhatsApp)
E-mail: boanova@boanova.net
Vendas on-line: https://www.livrarialeal.com.br

Dados Internacionais de Catalogação na Publicação (CIP)
(Catalogação na fonte)
BIBLIOTECA JOANNA DE ÂNGELIS

F825   FRANCO, Divaldo Pereira. (1927-2025)

        Vida plena. 1. ed. / Pelo Espírito Joanna de Ângelis
        [psicografado por] Divaldo Pereira Franco, Salvador: LEAL, 2025.
        208 p.
        ISBN: 978-65-86256-15-4

        1. Espiritismo 2. Psicografia 3. Reflexões morais
        I. Franco, Divaldo II. Título

                                                        CDD: 133.93

Bibliotecária responsável: Maria Suely de Castro Martins – CRB-5/509

SUMÁRIO

Vida plena 9

Capítulo 1   Sê fiel até o fim 13

Capítulo 2   Influências espirituais 19

Capítulo 3   Todos exultem 27

Capítulo 4   Que queres que eu faça? 33

Capítulo 5   Emergência espiritual 39

Capítulo 6   Bem e mal 45

Capítulo 7   Insistir e perseverar 51

Capítulo 8   Paisagem mental 57

Capítulo 9   Aflições 63

Capítulo 10 Dedica-te e segue adiante 69

Capítulo 11 Confiança 77

Capítulo 12 Sê agradecido 83

Capítulo 13 Vida e imortalidade 89

Capítulo 14 Domar a si mesmo 97

Capítulo 15   Jesus!...103

Capítulo 16   O triunfo real..111

Capítulo 17   Psicologia do envelhecimento.................117

Capítulo 18   Frívolos..125

Capítulo 19   Nunca desistir...131

Capítulo 20   A ira...137

Capítulo 21   Atenção!..143

Capítulo 22   Sê leal...151

Capítulo 23   Crê, sou eu!..157

Capítulo 24   O porvir..163

Capítulo 25   Também é caridade......................................169

Capítulo 26   Desencanto..175

Capítulo 27   Decisão necessária......................................183

Capítulo 28   Quem eram eles?..189

Capítulo 29   Decisão de plenitude...................................195

Capítulo 30   Missiva de amor...201

> " A CADA DIA, CORAÇÃO
> AMIGO, TOMA UM
> DOS NOSSOS ESTUDOS
> E REFLEXIONA,
> INSCULPINDO-O NA TUA
> EXISTÊNCIA E, DESSE MODO,
> VIVERÁS EM PLENITUDE.

JOANNA DE ÂNGELIS | DIVALDO FRANCO

Vida plena

Vive hoje como se fosse o último dia da tua organização fisiológica.

Vive exuberante enquanto é ocasião para a tua existência.

Vive confiante em Deus, mantendo a certeza da tua vitória sobre todas as *vicissitudes*.

A vida é inextinguível!

Ela ativa as moléculas mediante a energia que as movimenta, à semelhança dos astros na amplidão cósmica.

Vive seguro da sua *perpetuidade* e deixa-se arrastar pelas múltiplas e infinitas manifestações através das quais se faz sentida.

Neste Universo de grandiosas expressões de beleza e magnitude, o Hálito Divino mantém a chama da vida.

O verme que se arrasta na terra, às vezes imunda, a ave que plana no ar, os animais que povoam as águas e os solos, a vegetação de infinitas tonalidades, as galáxias que explodem *voluteando* nos espaços colossais e o ser humano que se deslumbra nessa magia incomparável constituem uma harmonia que escapa aos equipamentos humanos.

Em consequência, a vida que pensa e palpita no ápice da escala animal e vem *evolvendo* desde o átomo primitivo até o arcanjo é responsável pela própria ascensão gloriosa.

VICISSITUDE
Condição que contraria ou é desfavorável a alguém; insucesso, revés.

INEXTINGUÍVEL
Impossível de extinguir-se, destruir, dominar.

PERPETUIDADE
Perene, eterno, contínuo.

VOLUTEAR
Andar em roda; girar, voltear.

EVOLVER
Desenvolver-se gradualmente; passar por ou sofrer evoluções, transformar (-se); evoluir.

Atingida a faculdade de raciocinar, o ser desenvolve na energia pensante os valores que lhe comprazem, avançando ou detendo-se no processo de integração universal.

Nestes complexos dias da cultura terrestre, os mecanismos para alcançar a plenitude são ásperos e afligentes, porque são eleitos a loucura, a agressividade, os vícios e a dor com e sem máscaras.

Se detém a mente nos amanheceres luminosos, sombras internas impedem que as claridades formosas se fixem no sentimento.

Para onde se volte, defrontará enigmas e desafios, desabando sem forças para prosseguir na marcha.

CHAVASCAL
(Fig.) Mata de
espinheiros; lugar sujo
de lixo.

Cabisbaixo, esquece-se do Alto e mergulha no chavascal que o prende longamente.

Parece que tudo foi experimentado inutilmente e não adianta permanecer insistindo.

Vive, porém, com o coração pulsante de alegria projetado no amanhã.

PORVIR
O tempo que está
por vir, por acontecer;
futuro.

Para que sejas ditoso no porvir, vive hoje em harmonia com o Universo e triunfarás, experimentando a vida plena.

❖

Utilizamo-nos de 30 temas para que se alcance o bem viver e os expomos à luz d'O Evangelho segundo o Espiritismo. Isso, porque Jesus é Vida em abundância.

A cada dia, coração amigo, toma um dos nossos estudos e reflexiona, insculpindo-o na tua existência e, desse modo, viverás em plenitude.

Salvador, 20 de maio de 2021.

Joanna de Ângelis

> **CONFIA NO TEU ESFORÇO E NA DIVINA PROVIDÊNCIA, QUE ESTÁ SEMPRE VIGILANTE, PRONTA PARA AUXILIAR TODOS AQUELES QUE SE LHE ENTREGAM.**
>
> JOANNA DE ÂNGELIS | DIVALDO FRANCO

Capítulo 1

Sê fiel até o fim

Por mais perturbadoras e afligentes sejam as circunstâncias e a convivência com as demais pessoas do teu círculo de amizade ou não, porfia nos teus bons ideais e objetivos existenciais.

Não aguardes entendimento e cooperação dos outros em relação ao que realizas, porquanto a tua é a atividade que faculta a libertação da ignorância e da crueldade.

Embora esperes consciente ou inconscientemente compreensão e ajuda porque anelas pelo bem da coletividade, talvez os demais não estejam interessados no que te fascina e não têm qualquer compromisso contigo. O deles é um destino diferente, ao qual se vinculam.

Estão contigo, mas têm as suas próprias aspirações, buscando diferentes formas de viver. Alguns são simpáticos contigo, o que não significa terem compromisso com o que faças ou estimas. De igual maneira ocorre contigo em relação a eles.

Desde quando passaste a reflexionar nos ensinamentos de Jesus e compreendeste os enganos em que te movimentavas, entendeste a necessidade de operar mudanças interiores e oferecer esses conhecimentos libertadores a todos que conheces ou não, na expectativa de que serias recebido com júbilo.

Ledo engano que cultivas, vitimado pela ingenuidade.

Cada ser tem o seu próprio destino, o que não justifica, porém, voltar-se contra ti e tentar crucificar-te.

Percebeste a excelência da paz que te fazia muita falta, embora não identificasses de maneira clara.

Sentias o fastio que o erro produz nos indivíduos, o vigoroso mal-estar que expressa a inutilidade de certos prazeres, que mais comprometem do que agradam, sem proporcionar harmonia.

Quando sentias os prejuízos das irregularidades praticadas, ao invés da meditação necessária à reparação, mais chafurdavas nos lôbregos prazeres embriagadores dos sentidos e perdias a capacidade de discernimento.

Desconhecias a Mensagem de Jesus, ou melhor, tinhas notícias a seu respeito, porém, nunca te detiveste a examinar os conteúdos maravilhosos de que é portadora.

Ouvias falar-se a seu respeito, mas não entendias o poder que possui de modificar a estrutura do pensamento vulgar e proporcionar lucidez para a existência digna e tranquila.

Ao tomar-lhe conhecimento, hoje desvelada pelos imortais que te vieram demonstrar a plenitude do pós-desencarnação, tiraste a venda dos teus olhos e percebeste a grandeza luminosa da vida, que antes se te apresentava sombria e pesada...

É natural, portanto, que sofras discriminação e suspeita, qual fazias também àqueles que se dedicavam à abnegação e ao trabalho de autoiluminação.

Todo missionário do bem, do amor e do conhecimento sedimenta os seus ideais sobre a argamassa das lágrimas, dos tormentos que lhe são impostos, do exílio, quando não lhe são solicitados testemunhos mais severos.

Não te permitas, porém, desfalecimento nem receios ante as agressões dos iludidos no poder temporal, dos vaidosos, dos comprometidos com realidade nenhuma.

FASTIO
Enfado, tédio, aborrecimento.

CHAFURDAR
(Fig.) Envolver-se em torpezas, em baixezas, em vícios.

LÔBREGO
Escuro, sombrio; assustador.

Cabe-te semear exemplos de fé que demonstrem a tua capacidade de promover a verdade.

❖

Quando se prepara um pomar ou um jardim, a tarefa inicial é sempre desafiadora.

Tem-se que trabalhar o solo adusto ou sem vitalidade, coberto ou não de cardos e relvas perversas.

À hora de semear, surgem novos perigos que devem ser vencidos logo após pelas plântulas frágeis e pelos seus zeladores.

Somente com a perseverança no tempo é que se pode ver a vida vegetal triunfar.

Confia no teu esforço e na Divina Providência, que está sempre vigilante, pronta para auxiliar todos aqueles que se lhe entregam.

A História demonstra-nos, mediante lições empolgantes, o valor da fidelidade aos próprios ideais.

Abraham Lincoln, por exemplo, para alcançar a glória da imortalidade, candidatou-se a posições políticas de relevo várias vezes e perdeu-as todas. Insistiu à exaustão e logrou os seus objetivos como presidente da República do seu país.

Libertou os escravos, viveu a terrível Guerra de Secessão e pagou com a vida a coragem de amar e servir ao seu país.

O jovem pastor Martin Luther King Jr. teve o sonho de ver livres os seus irmãos de ascendência africana e foi sacrificado; apesar das homenagens que recebeu em vida, padeceu angústias inimagináveis.

Os discípulos de Jesus saíram a ensinar e a viver o Evangelho, porém, foram perseguidos, cruelmente caluniados até serem sacrificados em inomináveis holocaustos pelo ideal.

Mandela experimentou o cárcere e o abandono por quase três décadas a fim de conseguir libertar o seu povo.

ADUSTO
Queimado ou abrasado.

CARDO
Nome dado a algumas espécies de plantas da fam. das compostas (esp. dos gên. *Carduus* e *Cirsium*), de folhas espinhentas ou ásperas.

RELVA
Erva rala e rasteira.

LOGRAR
Obter o que se tem direito ou que se deseja; alcançar, conseguir.

ASCENDÊNCIA
(Por ext.) linha das gerações anteriores de um indivíduo ou de uma família; proveniência de um grupo social ou de um povo; origem, genealogia.

HOLOCAUSTO
(Por ext.) Sacrifício, expiação.

Apesar de tuberculoso, Pasteur prosseguiu na "caça dos bichinhos voadores", sofrendo sarcasmos de toda ordem, e abriu novos horizontes à Ciência Médica.

Nunca houve exceção para os apóstolos do bem na Terra.

Para que a sociedade desfrutasse de comodidades e bem-estar, houve a escravidão odienta e as guerras mortíferas.

Faze a tua parte.

O teu triunfo não será agora, como ocorreu com todos os mártires, heróis e idealistas.

DARDO
(Fig.) O que aflige, fere ou magoa moralmente.

Insiste e dispõe-te a pagar com sorrisos os dardos da malquerença e da ingratidão.

Nada vence o Amor, que é a força viva mais atuante do Universo.

Continua amando, mesmo desamado moralmente.

❖

Os anjos guardiães que zelam por ti e pelo destino da Humanidade estão vigilantes e ativos ao teu lado.

Invisíveis, mas não inoperantes, confortam-te nas horas graves, estimulam-te ao prosseguimento e dão-te forças em nome do Amigo crucificado que ressuscitou para que sejas fiel até o fim...

> ELEVA O PADRÃO
> MENTAL NO MOMENTO
> QUE TE VEJAS SITIADO
> PELAS TRISTEZAS,
> ARREPENDIMENTOS OU
> ÍNTIMAS REVOLTAS PELO
> FRACASSO DE ALGUMA
> TENTATIVA. PERSISTE E
> REPETE A LUTA SEM TEMOR.

JOANNA DE ÂNGELIS | DIVALDO FRANCO

Capítulo 2

Influências espirituais

Mente a mente processa-se o intercâmbio entre os Espíritos envoltos na indumentária carnal e os dela desvestidos. Sempre uma está influenciando outra mente. Não há isolamento de natureza mental entre os seres humanos, assim como de vibração entre todos os seres vivos.

O inter-relacionamento mental é intenso, porque emana da Divina Mente, que mantém a vida no Universo.

Tratando-se de uma verdadeira guerra moral, na qual o planeta Terra se encontra, a potência do bem experimenta a agressão do mal, em incessante batalha.

Mentes interessadas multimilenarmente na derrogada do Amor não suportam contemplar o progresso da sociedade e a harmonia emocional entre as criaturas humanas.

Desde remotos períodos do processo evolutivo que os inferiores, sem esforçar-se para superar as manifestações brutais, hão resolvido lutar contra aqueles que, passo a passo, galgaram os degraus do progresso.

Os emissários da Verdade sempre apareceram e trouxeram as diretrizes de segurança austeras para as modificações das estruturas grotescas se modificarem e foram, invariavelmente, agredidos, por tentarem modificar o *statu quo* vigente.

INDUMENTÁRIA
O que uma pessoa veste; indumento. No caso, o corpo físico do Espírito.

DERROGAR
Anular, invalidar, desfazer.

GALGAR
(Fig.) Superar ou vencer algo; transpor.

AUSTERO
Que é inflexível, sem concessões, digressões\

STATU QUO
Expressão do latim que significa "estado atual", dos fatos, das situações e das coisas.

Massacrados em hediondas perseguições, ofereceram-se como cobaias que deveriam servir de exemplo e de modelo aos pósteros...

Nesse ínterim, veio Jesus!...

Antes d'Ele, as guerras sanguinolentas e devastadoras dizimaram povos e nações, reduzindo-os a pó, não ficando pedra sobre pedra que o ódio não derrubasse, a fim de atemorizarem os que viriam depois, olvidados da sua transitoriedade material.

Logo renasceram em outras civilizações, que também se deixaram consumir pelos vândalos e opressores, os quais igualmente sucumbiram ao peso da morte, antes de serem traídos ou, por sua vez, perseguidos...

Os Céus ofereceram a beleza, através da literatura, da arte, das construções magníficas, de modo a sensibilizar, mas os rebeldes, tornados vencedores inclementes, a tudo destruíram ou buscaram apagar da memória dos tempos.

A tudo sempre submeteram suas paixões asselvajadas e transformaram em escombros e sombras do passado glorioso de um momento.

Depois de Jesus, o Excelso Pacificador, as guerras continuaram mais ferozes e aniquiladoras, usando Seu nome ou não, a nada respeitando, somente deixando desolação e tristeza...

As areias dos desertos e as águas dos mares e oceanos, nas sucessivas mudanças do orbe terrestre, cobriram algumas dessas civilizações, que, lentamente, foram descobertas, e a História hoje se debruça sobre suas lições sem colher aprendizados que modifiquem o comportamento dos tempos a esse respeito.

Com o advento do Consolador, no século XIX, a caridade distendeu o seu manto sobre a Humanidade, convidando ao amor e à solidariedade, únicas maneiras de sobreviverem ao caos e facultarem a plenitude a todos. Entretanto, mais

PÓSTEROS
A geração ou as gerações que vêm depois da de quem fala ou escreve.

OLVIDAR
Perder a memória de algo; esquecer-se.

de 160 anos depois houve pequena e insignificante mudança nos painéis da sociedade.

O ser humano é belicoso, graças ao instinto de conservação da vida. Mas a razão que o ergue ao altar da sublimação tem por objetivo alterar-lhe a conduta combativa para labores criativos, e não destrutivos.

Aparentemente, a vitória tem sido da ignorância e da impiedade.

Realmente, no entanto, hoje brotam já em toda parte do planeta as plântulas da afeição e da solidariedade humana, contrapondo-se à perversidade e ao cinismo cruel dos maus.

BELICOSO
Que apresenta comportamento agressivo, que tem inclinação para a guerra, para o combate.

Não te gerem conflitos os tormentos que trazes de experiências malogradas, agora quando te voltas para a edificação da Verdade na Terra.

Não te permitas autopunições diante de alguma falência na execução do programa do bem.

Insiste, pois certamente não é fácil. Mas, se quiseres, lograrás.

A libertação dos hábitos arraigados agradáveis, porém, dissipadores, é um desafio para almas sinceras.

DISSIPADOR
Que gasta demais; esbanjador.

Eleva o padrão mental no momento que te vejas sitiado pelas tristezas, arrependimentos ou íntimas revoltas pelo fracasso de alguma tentativa. Persiste e repete a luta sem temor.

Vencerás!

Tens a mensagem de superação às ideias deprimentes e os valiosos tesouros do teu esforço.

Acende a luz da alegria no teu espaço mental em sombras e conta com os teus mentores espirituais, que te amam e estão envolvidos com o teu progresso espiritual.

Tens o direito de errar, embora não o devas. Considera, porém, que as tuas dificuldades íntimas abrem campo vibratório para que a tua mente seja golpeada por outras mentes que te detestam. E porque são insistentes, sutis, insaciáveis, logram dominar-te, dando-te a impressão de serem tais ocorrências más geradas pela tua própria natureza, de forma que não te sintas ou não queiras a ajuda de outrem, encarnado ou desencarnado, porque o *ego* nesses momentos desvaira.

Reage e recompõe-te, alma querida, certa do triunfo da tua imortalidade.

Até Jesus experimentou a incidência da perseguição dos maus, influenciados pelos Espíritos aliciadores de obsessões inomináveis.

Na aparência, eles triunfaram na tarde da Crucificação.

Sem ela, no entanto, não teria ocorrido a Ressurreição gloriosa e com essa a permanente mensagem de Amor do Abandonado na Cruz, na sinfonia poderosa do Triunfador.

Reconquista o terreno que ficou eivado pelos cardos e pedrouços. Volta a ele e semeia a luz para que se transforme numa escada ascensional de vitória.

És o que te permitas mentalmente, ainda mais nestes dias calamitosos, em que tudo conspira em favor do pessimismo, da revolta, da insegurança.

Testemunha o teu valor em processo de redenção e segue com júbilo, arrebanhando os receosos que se encontram pela senda.

Considera o teu amanhã da Vida, acionado pela Divina Mente.

Entrega-te, e não te permitas mais titubear.

❖

EGO
O *ego* é uma instância psíquica, produto das reencarnações, e que, em determinada fase do desenvolvimento humano, corrompe-se pelo excesso de si mesmo, perverte-se à medida que se considera o centro de tudo, aliena-se como se fosse autossuficiente.

DESVAIRAR
Alucinar-se, endoidecer.

EIVADO
Manchado, infectado, enfraquecido.

PEDROUÇO
Grande amontoado de pedras.

SENDA
Rumo, direção, rota.

TITUBEAR
Ficar em estado de irresolução, incerteza, hesitar, vacilar.

A noite que perturbava ilumina-se suavemente deste amanhecer de bênçãos.

O dia logo esplenderá!

Segue adiante para desfrutares da claridade libertadora.

– *Eu sou a luz do mundo!* – afirmou Jesus.

Sê a claridade que d'Ele procede, e não terás mais trevas na tua mente nem no teu coração.

"EXULTA SEMPRE QUE A DOR
TE BATER À PORTA, POIS QUE
ESTÁS SENDO CONVIDADO
À TRANSFORMAÇÃO MORAL
PARA MELHOR.

JOANNA DE ÂNGELIS | DIVALDO FRANCO

Capítulo 3

Todos exultem

Segura as lágrimas que te coroam os olhos, coração amigo e devotado ao bem.

O pranto que vertes em decorrência das aflições que te povoam a casa emocional sensibiliza os mentores que velam por ti.

Multiplicam-se os desafios para o cristão decidido na sua jornada redentora.

Em todo lugar defrontas problemas que testam as tuas energias e a carga dos teus valores nobres.

Todos que dizem conhecer-te em realidade ignoram quem és. Mesmo tu ainda não sabes o suficiente sobre ti mesmo. Isso, porque o vitimismo que toma conta da sociedade moderna, descomprometida com os significados éticos que sempre devem ser mantidos, aguarda ser servido ao invés da vivência do dever de servir.

É sempre encantadora e agradável a postura de observador sem compromisso com a ordem, como se apenas um grupo tivesse o dever de tudo fazer em seu benefício, oferecendo-lhe o prazer de usufruir, de criticar e de justificar-se a inércia. Todavia, o grupo social é constituído de membros diferentes que, de alguma forma, produzem a harmonia do conjunto.

Uma edificação exige que sejam cumpridas todas as múltiplas etapas da obra para o resultado exitoso.

Há lugar nela para todos que mourejam no processo de evolução da sociedade.

Nesse sentido, há diferentes tipos de realizações, sem lugar para frívolos e ociosos.

A Terra é madre gentil que enseja a todos os seus filhos oportunidades para embelezá-la e trabalhá-la nas imperfeições que ainda fazem parte da sua condição de *mundo de provas e expiações.*

Felizmente, compreendes que te cabem altas responsabilidades, aquelas que dizem respeito às ações edificantes.

Desse modo, não te permitas magoar em relação àqueloutros que não te compreendem e geram embaraços para os teus pés caminheiros.

Enxuga o suor da face e abre-a num sorriso de júbilo por te encontrares a serviço da Verdade.

Ninguém que atravesse um terreno pantanoso que não experimente preocupações com a própria delicada marcha.

Uns não se encorajam a avançar, outros tombam a caminho do objetivo, alguns mais se apresentam cansados e reclamam...

Sê tu aquele que avança, mesmo que o lodaçal se apresente volumoso e ameaçador.

Elegeste a *porta estreita* apresentada por Jesus.

A larga tem desvios, atrações que atrasam o avanço e, não poucas vezes, inebria o viandante que a aprecia, aí ficando retido, a meio do compromisso, da viagem interrompida.

Desde quando compreendeste que a função da oportunidade de reencarnar é a de conquistar os recursos que antes foram malbaratados, tomaste a decisão de reabilitar-te.

Este é um compromisso firmado antes de vires, quando foram estabelecidos os programas do teu processo de evolução.

Débitos e créditos foram examinados, e o processo de resgate ficou definido, em forma de bênção em favor do teu progresso espiritual.

Torna-se necessária a convicção de que há tempos para ensementar, assim como para colher.

Mantém o ideal de que, por mais longa pareça a *via crucis*, a meta será o teu lugar de repouso das aflições. Até lá, entretanto, deverás sorver a taça da amarga substância do resgate com alegria e sentimentos outros de paz pelo bem que decorrerá desse processo.

Para que te mantenhas em segurança, evita as facilidades traiçoeiras, aquelas que iludem com promessas de vias comunicadoras mais brandas de serem percorridas.

Enfrenta, portanto, os obstáculos e eles te ensinarão a vencê-los.

Não negocies nem negaceies, porque quaisquer atividades não estruturadas nas Leis de Justiça e Caridade mais complicam o quadro de reabilitação no qual te encontras.

Igualmente, não te envolvas com os problemas alheios, na vã ilusão de que poderás resolvê-los. Desde que tens dificuldades com aqueles que te dizem respeito, faz-se necessário investir no conforto moral ao necessitado, porém, é preciso cuidar também da própria e inadiável renovação.

Ajuda sem comprometer-te, sabendo que o tempo resolverá amanhã as dificuldades que a todos atormentam hoje.

Não aceites que os teus amigos ou companheiros transfiram para ti a responsabilidade dos seus atos.

O Mestre, que é o Senhor e a Sabedoria, ensinava o caminho, mas a jornada era executada por aquele que buscava a ajuda.

ENSEMENTAR
Lançar sementes, semear.

VIA CRUCIS
(Fig.) Grave provação; conjunto de terríveis experiências.

NEGACEAR
Enganar, iludir, ludibriar.

Não tomes decisões quando estejas emocionalmente alterado, sem o discernimento próprio para o desiderato, porque o resultado será sempre perturbador.

DESIDERATO
O que se deseja; aspiração.

A precipitação é companheira do desastre.

Primeiro, acalma-te, para depois assumires o comportamento compatível com a ocorrência em pauta.

O conhecimento do Espiritismo te auxiliará a compreender os *ditos do Senhor* e, dessa forma, haurirás forças para entender e solucionar todas as questões que, afinal, pertencem-te.

EXULTAR
Experimentar e exprimir grande alegria, grande júbilo.

Exulta sempre que a dor te bater à porta, pois que estás sendo convidado à transformação moral para melhor.

CERRADO
Fechado, vedado.

Vê o botão da flor quando cerrado, é um enigma. Lentamente se abre, e um mundo de cor, de perfume e vida então desabrocha.

Assim é a existência humana. De início enigmática, para depois transformar-se num poema de triunfo e glória.

Por isso, não chores, não lamentes e confia em Deus.

Ele te ama, exulta!

> "NINGUÉM PODE AVANÇAR NO RUMO EXISTENCIAL COM SEGURANÇA E PAZ CASO NÃO POSSUA UM IDEALISMO, ALGO QUE O IMPULSIONE AO AVANÇO.

JOANNA DE ÂNGELIS | DIVALDO FRANCO

Capítulo 4

Que queres que eu faça?

A indagação do jovem rabino dirigida a Jesus, quando este lhe aparece às portas de Damasco, é de grande atualidade. Nela havia sentidos psicológicos para a existência, objetivos básicos para viver e lutar a fim de alcançar as metas que foram desenhadas em favor da jornada humana.

Não era uma pergunta trivial, de curiosidade, porém, de magna importância, porque se referia à maneira como seriam aplicadas as forças da evolução e por quais razões deveria ele mudar de comportamento.

Naquele momento decisivo, não havia lugar para dúvida ou incerteza, não se poderia permitir divagação a respeito do destino. Era um momento de definição de rumos, de coragem e, para tanto, necessitava saber o que fazer, para poder entregar-se totalmente.

Ainda hoje a questão é portadora de oportunidade significativa, porque uma vida sem sentido é um grande padecimento. Deve-se saber sempre o que se está fazendo e por que, de modo a encontrar na realização o estímulo e encorajamento para prosseguir.

Mediante o interesse pessoal em torno daquilo que se está realizando, definem-se os valores que caracterizam o comportamento de cada qual.

Ninguém pode avançar no rumo existencial com segurança e paz caso não possua um idealismo, algo que o impulsione ao avanço.

HODIERNO
Atual, moderno, dos dias de hoje.

Dentre os incontáveis males da cultura hodierna, pode-se assinalar a ausência de sentido, de significado para bem viver-se.

Tudo parece demasiado complexo ou notoriamente simples e desinteressante de se haver empreendido, sem uma luta que proporcione o prazer de alcançar a vitória.

No passado próximo, as castrações e frustrações psicológicas lançavam os indivíduos nos transtornos neuróticos que

VERGASTAR
Açoitar, fustigar; golpear com vergasta; chicotear, chibatar.

vergastavam a sociedade. Tudo era proibido de fazer-se por impositivos mesquinhos de conceitos sociais, morais e religiosos, reduzindo o ser humano a mísero escravo de necessidades doentias.

Com o advento das doutrinas psicológicas, especialmente da Psicanálise, encontraram-se as raízes dos conflitos humanos nas condutas escusas a que se viam empurrados pela libido.

Na razão direta que se pôde viver as funções sexuais sem os castigos, conscientes ou não, impostos pelas religiões, diminuíram os tormentos e deram crédito ao ser humano de pertencer ao reino animal, embora em estágio antropológico mais adiantado em moral e inteligência.

O abuso do uso das funções genésicas retirou o encanto inicial dos prazeres de que se revestem, e a sede de novos encantamentos empurrou o ser para aventuras mais extravagantes e audaciosas.

Concomitantemente, os resíduos dos preconceitos em forma de tradições começaram a ser combatidos, e a liberação total dos costumes estabeleceu uma nova ordem de desvios neuróticos que martirizam os seres humanos.

Na atualidade, poderemos encontrar aqueles que preferem seguir a maioria, fazer o que todos realizam e aceitar o que se encontra estabelecido. Constituem o grupo dos conformistas.

Outros, no entanto, reagem e propõem comportamentos extravagantes, especiais, formando o grupo dos ditadores ou reacionários.

Por fim, encontramos a maioria constituída pelos que não possuem sentido para viver, que estão saturados de coisas e prazeres, que denominamos os vazios existenciais.

As filosofias existencialistas, que surgem e multiplicam-se, facilitam a ausência de sentido através das fugas psicológicas para outros estados patológicos – as aberrações – e a indiferença pelo que aconteça, derrapando na depressão.

Nos outros animais, que não entendem o sentido da vida, pois que obedecem a automatismos, às vezes criados pelos humanos, esse quadro existencial não tem lugar.

O ser humano que pensa e aspira à vida harmônica pergunta sempre: – *O que querem que eu faça?*

Eis aí o sentido da vida!

Ao compreender que a Vida deseja de cada um o estabelecimento de objetivos existenciais, tem os embutido nas suas aspirações.

Saulo recebeu a resposta de Jesus: – *Vai a Damasco e lá te dirão o que deves fazer!*

Naquele momento, ante o objetivo sublime que lhe estava destinado, nascia o apóstolo da gentilidade.

Atendeu à proposta conformista, realizando o que Ananias lhe recomendou, buscara o seu mundo, que desapareceu, e tornou-se o gigante da divulgação do Evangelho.

Sim, ele agora sabia o que queria fazer: iluminar a Humanidade!

Parecia ditador que seguiu a trilha estabelecida por Jesus e espalhou a mensagem libertadora com a luz da verdade, conquistando o mundo em sombras.

Compreendeu o sentido do amor e da caridade, e entregou-se até o final das forças ao encantamento da Boa-nova.

Não cessou de servir, e soube renunciar ao *ego* e aos valores atribuídos como de importância.

O seu ardor transformou-se em diretriz de segurança, e viveu em função do ideal da vida.

Não derrapou no vazio por estar repleto da luz que necessitava implantar nos corações, a fim de haver sempre conhecimento que liberta da ignorância, da fatalidade do viver e não existir.

Faze uma análise de tuas horas e pergunta-te se estás fazendo o que deves.

Se te sentes opaco e sem brilho, pergunta-Lhe o que deves fazer e faze-o.

Se for necessário retroceder para realizar algo que ficou interrompido, não receies e volta para melhor avançares.

Se estás à frente e dificuldades te impedem o avanço, rompe as teias dominantes e não te detenhas.

Jesus não para!

❖

Nenhuma outra indagação deve aflorar em teus lábios e emoções, exceto o que Ele quer que faças.

Agora é o momento. Decide-te, preenche o teu vazio com as messes sublimes do amor e faze o que Ele te recomenda: – *Ama sempre mais!*

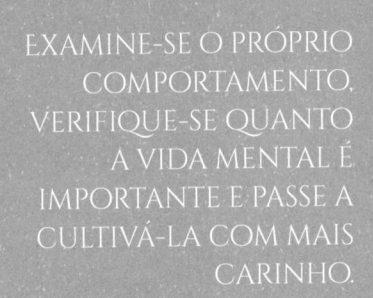

> **EXAMINE-SE O PRÓPRIO COMPORTAMENTO. VERIFIQUE-SE QUANTO A VIDA MENTAL É IMPORTANTE E PASSE A CULTIVÁ-LA COM MAIS CARINHO.**
>
> JOANNA DE ÂNGELIS | DIVALDO FRANCO.

Capítulo 5

Emergência espiritual

Vive-se, na Terra, uma emergência espiritual de grave nível. Todas as contribuições do conhecimento têm valido para despertar o ser humano para a sua emergência espiritual.

Anteriormente, o preconceito da razão contra a fé estabelecia que todas as expressões do pensamento para o bem da sociedade deveriam ter uma resposta material, em sistemática negativa aos postulados da crença na Vida espiritual.

Abandonava-se a tirania da *fé cega* por uma nova ditadura, a da razão. Essa razão, vinculada aos fenômenos materiais, deveria responder de maneira equivalente, como se o Universo fosse uma imensa máquina material.

O desenvolvimento próprio da Ciência levou a razão a sutilizar as repostas, demonstrando que, além da matéria, o Universo é *energia condensada* e nem todas as respostas podem apresentar-se como de natureza física.

SUTILIZAR
Tornar(-se) imaterial, incorpóreo.

Os estudos psicológicos e das doutrinas congêneres favoreceram a emergência em que se encontra o ser humano, elucidando que não é de caráter patológico, necessitando de atendimento específico, portanto, metafísico.

Abriram-se novos campos para a investigação do ser na sua complexidade e defrontaram-se questões que transcendem as anomalias, assim como as construções de estrutura física.

Percebeu-se que a mente é portadora de recursos energéticos somente entendidos por meios equivalentes.

A paranormalidade passou a fazer parte do elenco constitutivo do ser humano, dos seus conflitos, transtornos, recalques e conduta aparentemente alienada.

A observação psíquica e os esquemas arquivados no inconsciente facultaram entender-se a necessidade de melhor compreensão dessa maquinaria muito complexa e do seu sistema nervoso, responsável pela comunicação e comando de todos os setores que a acionam.

Pôde-se compreender que o pensamento é fonte de vida, e todo o transcurso existencial opera-se mediante campos de energias diferentes.

Vê-se a sociedade correndo desarvoradamente para fora, quando toda a complexidade é de natureza interna. Tenta-se conquistar o mundo e as suas expressões numa tresloucada sede de prazer, como se a única finalidade da existência fosse o gozo carnal, expressando-se nas ilusões da matéria transitória.

As investigações contribuem com largas fatias de conquistas para uma existência menos tensa e menos aflitiva. No entanto, há valores mais significativos que necessitam ser conquistados, e questões emocionais, espirituais, que tomam conta do existir e merecem profundas reflexões.

Por essa e muitas outras razões, está-se vivendo uma emergência espiritual que as conquistas terrenas não conseguem solucionar.

O ser humano é de natureza imortal e somente uma doutrina específica, qual sucede com o Espiritismo, é capaz de

---

METAFÍSICO
Depois ou além da física, que transcende a experiência sensível.

PARANORMALIDADE
Consiste na série de fenômenos não explicados cientificamente.

INCONSCIENTE
Para Jung, o inconsciente é caracterizado em duas camadas. O primeiro é o inconsciente pessoal, onde é mantida a toda a experiência pessoal de cada pessoa. Podendo essas se tornarem reprimidas, esquecidas ou ignoradas. Ou também há casos de experiências muito fracas demais para chegarem a consciência. A outra camada é o inconsciente coletivo, sendo uma área mais profunda da psique. Ela é remontada na infância através de restos das vidas dos antepassados. Nele está contido os instintos juntamente com as imagens primordiais denominados arquétipos, herdados da humanidade.

TRESLOUCADO
Louco, desvairado.

assegurar tranquilidade, equacionando aparentes enigmas ou supostas anomalias.

Há uma preocupação muito grande em saber-se da possibilidade de vida em outros planetas e investem-se recursos extraordinários na conquista do Espaço, no entanto, há pouco interesse na investigação profunda e séria do ser humano e das suas múltiplas experiências evolutivas.

A cultura vastíssima proporcionou a construção de uma estação espacial para futuros voos interplanetários, contudo não se encontraram soluções viáveis e legítimas para a fome, as paixões bélicas, as devastações provocadas pelos *egos* infelizes.

Os seres humanos, na atual conjuntura, encontram-se necessitados de atender bem a emergência espiritual, a fim de serem realmente felizes.

As grandes dores que assolam a Humanidade exigem uma terapêutica eminentemente espiritual.

Inicialmente, perguntar-se qual o objetivo que cada qual vem oferecendo à própria vida.

Observar que o normal é nascer, viver e morrer...

Até pouco tempo atrás, pensava-se, como reação às doutrinas religiosas ortodoxas, que aí se finava a vida, diluindo-se à medida que se desconectavam as moléculas.

FINAR
Perder as forças, definhar-se, consumir-se.

A evolução do pensamento e as experiências espíritas demonstraram que esse é o período que se abre para as futuras tentativas de progresso.

...Renascer merece ainda, sem dúvida, estudos e observações profundas.

A energia que alimenta o corpo dele independe, aspira a e realiza programas que serão executados a benefício de si mesmo e da Humanidade em geral.

Examine-se o próprio comportamento, verifique-se quanto a vida mental é importante e passe a cultivá-la com mais carinho.

Aperceber-se-á de que a realidade não é constituída da aparência, mas de tudo aquilo que ocorre na área do pensamento e do sentimento.

Cuida da tua emergência espiritual neste momento, planeja a melhor maneira para tornar o viver agradável e compensador.

Não te permitas, pois, a ilusão do conjunto orgânico em incessante modificação.

Reúne gemas de amor e adorna-te com a luz da sabedoria.

A emergência espiritual é o teu despertar da consciência de ti mesmo, a tua autorrealização que te compete produzir e amar-te, a todos contribuindo com a tua emergência espiritual.

Todos sabem que estão desconformes com a situação vigente, porquanto no íntimo de cada indivíduo um universo de emoções e expectativas comanda a existência.

A busca de terapias psicológicas contribui para o despertamento, no entanto, somente as experiências de interiorização facultam o encontro do *ego* com o *Self*, ensejando a vivência do amor ao próximo.

SELF
O *ego* é o centro da consciência, o *Si* ou *Self* é o centro da totalidade. *Self*, ou Eu superior, ou Si, equivale dizer a parte divina do ser.

Fascinante notar-se a maneira como Jesus situou o amor, demonstrando a sua necessidade de ser direcionado tanto ao próximo quanto a si mesmo.

A melhor maneira de autoamar-se é abraçar um ideal de solidariedade humana, conforme a ética do Evangelho de Jesus.

Capítulo 6

Bem e mal

Antigo brocardo africano afirma que a árvore soberana cresce em silêncio, mas, quando tomba, produz ruído. A evolução moral é um trabalho silencioso de transformação de valores para o uso daqueles que são edificantes.

A construção da virtude resulta do esforço pelo discernimento de tudo quanto produz o bem e o progresso.

Possuindo-se a luz do conhecimento espiritual, o ser é impulsionado a crescer, superando as anfractuosidades morais e purificando a essência interior, que é a sublime herança do Criador.

Todo crescimento íntimo é fundamental, na contínua batalha de superar as más tendências que retêm o Espírito na ignorância, ampliando as possibilidades de iluminação com as conquistas, mínimas que sejam, através do abandono da noite servil da brutalidade para o entendimento da Verdade.

Aspira-se pela felicidade como se fosse algo de fácil aquisição e de manejo mais simples.

Alguns indivíduos agarram-se às coisas que aparentam bem-estar, destaque na comunidade, despertam inveja e paixões. Entretanto, não são poucos aqueles que, possuidores de recursos valiosos, escravizam-se-lhes e passam o tempo no jogo das ilusões materiais, que sempre deixam um grande vazio nos momentos mais significativos da existência.

Quantos seres poderosos de valores que lhe são atribuídos, mas que não os impedem de experimentar as vicissitudes e aflições que fazem parte do processo de crescimento humano?

Por outro lado, quantas outras pessoas com carências de vária ordem, no entanto, ricas de paz de consciência, que se mantêm portando bem-estar e em harmonia?

O bem é esse atributo que a vida concede para que a ordem faculte o equilíbrio em todas as atividades.

Há regiões, nas grandes salinas, nas quais os horizontes dos céus se confundem com as linhas da Terra e a desolação parece companheira da morte, porém, com um encanto muito especial para quem tem *olhos de ver*.

Desertos inférteis e áridos tremendamente, onde raramente as nuvens vertem lágrimas, como ocorre no Atacama, e a primavera faz que se apresente um festival de flores coloridas e encantadoras, alterando completamente a paisagem triste, que se enriquece de vida e de cor.

E os males consequentes dos fenômenos sísmicos, tais maremotos, terremotos, *tsunamis*, erupções vulcânicas, que a tudo destroem, com o tempo compõem panoramas especiais e de incomensurável magia...

Tudo, afinal, conduz ao eterno bem.

O mal aparente de agora é o prenúncio de um bem futuro, majestoso e inesperado.

O desafio atual, após vencido, abre-se à visão de bênçãos que estão ao alcance de todos os lutadores.

O bem, de igual maneira, dilata as expressões grandiosas de que se constitui para que a vida estue em canções de memória jamais ultrapassada...

ESTUAR
Vibrar, fervilhar.

Não te detenhas no mal. Trata-se de um teste no teu processo de crescimento na vida.

Abençoa a roseira, mas não amaldiçoes o espinho pontiagudo.

A sombra também te permite um repouso visual, para uma visão deslumbrante logo surja a claridade.

❖

Ante as tribulações existenciais e os sofrimentos equivocadamente denominados como males, mantém a serenidade e aguarda a Divina Providência, que virá em teu socorro.

O mal real é, sim, aquele que produzes a prejuízo do teu próximo, portanto, da tua vida futura.

Existem, em decorrência, o bem e o mal reais.

Muitas vezes, ações que podem ajudar através dos sofrimentos e da solidão, desencanto e angústia são consideradas um mal, do qual todos se desejam libertar. No entanto, se souberes entender o significado da experiência, transforma-se no bem real, aquele que é verdadeiro e sem jaça.

JAÇA
Imperfeição (mancha ou falha).

Desse modo, nem tudo que é agradável num momento e se deseja conquistar é um verdadeiro bem.

De igual maneira, o infortúnio detestado e rejeitado, quando usado com sabedoria, transforma-se num grande bem.

Assim sendo, cresce em silêncio, adquirindo sabedoria para que a existência transcorra feliz. Não é necessário alardear que te encontras em paz, que resolveste os teus problemas, antes, mantém-te jovial e otimista, assim espalhando alegria de viver e de amar.

Nunca maldigas a situação perturbadora, porque não te faculta momentaneamente a aquisição de algo. Antes, agradece tudo que tens alcançado, bens que não enferrujam, os ladrões não roubam e o tempo não gasta.

Necessário aprender-se a bem e a mal sofrer.

Sejam quais forem as circunstâncias, acende a luz da esperança na mente, a alegria do Amor de Deus no coração e aguarda.

Por mais severas sejam as aflições do teu hoje, passarão brindando-te um amanhã radioso.

E, por mais faustoso e rico seja este momento, desfruta-o, sem olvido do dever de ajudar ao teu próximo, porque também passa.

Cresce em sabedoria silenciosa, armazenando bênçãos.

Um pai, possuidor de muitos bens, tinha dois filhos. Sentindo a aproximação da morte, desejou saber qual dos dois era mais sábio, a fim de administrar os bens.

Chamou-os, explicou a situação e disse-lhes: – *Tenho dois cômodos vazios. Gostaria de pedir-lhes para que os enchessem ao máximo, com a maior economia possível. Aquele que o fizer melhor será o administrador dos bens, além de herdeiro da sua parte.*

No momento azado, o filho mais jovem chamou o pai e apresentou-lhe o espaço totalmente cheio com um mínimo de despesa, pois que o repletara com feno.

O mais velho, por sua vez, apresentou ao pai o outro cômodo iluminado com apenas uma lâmpada acesa.

Comovido, o genitor disse-lhes: – *Tu* – apontou para o primeiro – *encheste todo o espaço com sombra, enquanto ele o encheu de luz.*

Ao segundo deixou a administração.

❖

Jesus é a luz do mundo.

Todo mal que te chegue transfere em bem, e todo o bem que alcances, envolve-o em luz.

"RENASCESTE PARA EVOLUIR
E MAIS CRESCER.

JOANNA DE ÂNGELIS | DIVALDO FRANCO

Capítulo 7

Insistir e perseverar

De vez em quando, o bom servidor é agredido por certos sentimentos de tédio ou de cansaço, ante a ação habitual do bem.

Insinua-se essa sensação de maneira sutil e persistente, diminuindo o encanto que deve permanecer presente em qualquer atividade que se deve repetir por tempo indeterminado.

À medida que se sucede, a sensação cansativa diminui o encantamento que no início vestia a emoção do trabalhador.

Obras respeitáveis e realizações relevantes experimentam esses fenômenos emocionais, que são normais em qualquer empreendimento.

Cada vez que observes em ti mesmo essa desagradável sensação, analisa-a tranquilamente, e surgirão duas alternativas, como explicações que te auxiliarão a eleger a conduta compatível com o acerto.

A primeira, decorrência do cansaço, é filha dileta da rotina, que sempre necessita de estímulos novos para que se produzam as emoções da alegria naquilo que se está a executar.

O dia a dia e as suas obrigações produzem o natural cansaço, que pode levar ao desinteresse e ao consequente abandono do compromisso. Mesmo na área da afetividade, dos relacionamentos sociais, o início é rico de entusiasmo, que diminui à medida que a identificação entre as pessoas se faz com melhor naturalidade. Equivale a dizer que o novo, o diferente, sempre causa um prazer igualmente inesperado e agradável, enquanto a repetição produz uma sensação do já conhecido, do já experimentado, do já vivido.

Há, porém, uma forma de vencer-se esse estado que tende ao agravamento, que é o desencanto com o próprio existir. Buscar-se inusual comportamento agradável, palavras não repetidas, temas não debatidos auxilia no ardor que mantém o interesse amigável.

Todo labor exige renovação de entusiasmo através da formulação de diferente metodologia para a sua execução.

A segunda é mais complexa. Pelo fato de estar-se em contato com as forças desagradáveis e malignas que vicejam no planeta, Espíritos ociosos, que se comprazem em afligir as criaturas humanas, passam a influenciar o idealista, tisnando-lhe o prazer da ação com a estafa que se produz em tudo e se agrava à medida que é cultivada.

Por inspiração ou mesmo desgaste das energias, interferem em favor de um falso repouso, transferência e até substituição do bom trabalho pelo ócio ou futilidade perversa.

Sempre se encontra uma justificativa para substituir algo de bom e nobre, porém, exaustivo, que se repete, por algo leve, insignificante, que preenche o tempo de vazio existencial até o momento do despertar pela perda de sentido de viver.

Seja, porém, qual for a causa emocional ou psíquica que registres, esforça-te para quebrar aquilo que se pode transformar em um novo hábito, substituindo o forçoso mister a que te dediques.

Reflexiona em torno do benefício de que resulta o teu esforço, e uma suave alegria te invadirá e com o tempo se apossará de ti, preenchendo a inutilidade existencial que te assalta.

VICEJAR
Manifestar-se com força e copiosamente.

TISNAR
Sujar(-se) com mancha ou nódoa; macular(-se), sujar(-se).

MISTER
Necessidade urgente ou imediata; precisão.

Resiste a essa indução perturbadora dos teus compromissos e confia em Deus, que te propõe o programa espiritual mediante o concurso do que podes realizar e tem em mente que podes fazer muito mais do que realizas. É somente uma questão de resolução para produzir sempre, tornando a existência um evangelho de feitos.

Insiste no que fazes e considera que as tuas contribuições se somam às demais que constituem a dinâmica da vida.

Não permitas os devaneios mentais que te inspiram as possibilidades de postergação, deixando para realizar o que programas para outro momento, torpe fantasia do inconsciente leviano.

Renasceste para evoluir e mais crescer.

Todo espaço que deixes vazio como resultado de algo que fazias será preenchido por alguma coisa menor e irrelevante. Não aceites a inspiração de que noutro momento será muito melhor.

Outro momento significa *momento nenhum*.

A mente desacostumada a compromissos relevantes sempre encontra saídas ilusórias para adiar deveres que têm os seus momentos próprios. Perdidos esses instantes preciosos, as circunstâncias não serão as mesmas e, embora se possa realizar a atividade, há uma ausência de responsabilidade de tua parte.

❖

O bom obreiro é aquele que não escolhe tarefa e a executa, desde a mais simples, com renovada alegria.

Quem se comprometeu com Jesus para trabalhar na Sua vinha deve estar sempre ativo e otimista, porque Ele próprio, que veio em missão especial à Terra, iniciou a jornada na intimidade do lar na condição de auxiliar de carpintaria, para

POSTERGAÇÃO
Deixar para depois; adiar.

TORPE
Que revela caráter vil; ignóbil, indecoroso, infame.

LEVIANO
Que ou aquele que não tem seriedade, que não usa da reflexão ao julgar ou proceder; insensato, irrefletido, precipitado.

culminar em duas asas de amor e sabedoria, voando na direção do Infinito.

Nunca desdenhou qualquer serviço, desde os domésticos, ajudando Sua mãe, a Guia da Humanidade, que a conduz desde os primórdios dos tempos, imortalidade afora.

Conviveu em banquetes de alegria com os excluídos da solidariedade e recebeu com igual júbilo fariseus, rabinos e cobradores de impostos detestados.

Falou em doce colóquio com uma mulher da Samaria e com mais de cinco mil pessoas na montanha, quando elaborou o Sermão das Bem-aventuranças, jamais igualado.

Tudo Lhe era de magna importância e jamais deixou de socorrer por cansaço ou rotina.

Revive Jesus na mente e no coração, n'Ele adquirindo força para insistir e persistir até o fim.

A bênção mais humana da existência terrestre é o trabalho.

O Espiritismo repete as lições do Senhor, adicionando a solidariedade, que é trabalho em favor do próximo, e tolerância, que é paz na convivência com aqueles que não nos compreendem.

ESFORÇA-TE POR SER
GENTIL COM TODOS, POIS
QUE A GENTILEZA, COMO
AFIRMA O BROCARDO
POPULAR,
GERA GENTILEZA.

JOANNA DE ÂNGELIS | DIVALDO FRANCO

Capítulo 8

Paisagem mental

nscrevem-se em todas as mentes, pensamentos, palavras e atos. As paisagens mentais de cada ser humano são o resultado das suas reflexões, assim como dos seus interesses. Tudo aquilo que o atrai impregna a mente, passando a fazer parte do seu patrimônio, que será utilizado oportunamente, quando as circunstâncias assim o impuserem.

A vida mental é, pois, o somatório das construções psíquicas que permanecem dando lugar às realizações e atividades do ser no seu processo de evolução. Em consequência, cada ser reside no local psíquico onde deposita as suas ideias.

São elas o natural resultado dos hábitos mantidos durante a vilegiatura orgânica.

Todo pensamento que passa pelos registros mentais deixa traços de alto significado e, pela sucessão da ocorrência, transforma-se em cultivo para a reprodução oportuna, pelo automatismo dos equipamentos eletrônicos que constituem os *chips* de registro de tudo que ocorre. Portanto, tal é a vida, conforme os ajustamentos mentais.

Jesus afirmou com muita beleza: – *Onde estiver o vosso tesouro, aí está também o vosso coração.*

VILEGIATURA
Temporada que se passa fora da zona de habitação habitual. No caso em tela, durante a experiência carnal na Terra.

Equivale a dizer: onde estiverem as tuas ideias, estará a tua realidade, o ser que és.

O Seu Evangelho, na sua proposta de terapia preventiva aos males da existência física, oferece a ensementação operosa, gentil e produtora de frutos nutrientes.

Em todos os momentos suas páginas registram as ocorrências edificantes; mesmo quando os primeiros registros apresentem algo de mau, a sua diretriz demonstrará o resultado equivalente aos seus conteúdos.

Não estranhes, pois, o pessimismo, o pânico e a insegurança quando fores defrontado com os testes do movimento da existência humana planificada para a vivência da plenitude.

Naqueles indivíduos de mente desabituada a reflexões positivas e a fixações primorosas, serão as primeiras reações às manifestações do dia a dia.

Expulsa da mente o hábito do mau julgamento, em particular quando chamam a atenção as más qualidades. Há razões que escapam ao observador apressado que tornam cada pessoa específica ou especial.

Compreendamos que existe em todos os seres humanos a outra face, isto é, o outro lado, talvez sombrio, como num espelho.

A realidade é que ninguém se sente feliz por inspirar antipatia ou desagrado. E se por acaso demonstra que sim, está oculto um conflito perverso que desarticula o seu possuidor.

Elege os melhores pensamentos, mesmo quando a situação for extremamente perigosa e negativa.

Vive-se num Universo de leis inalteráveis que funcionam por automatismos inflexíveis.

Se pensas bem num momento mau, torna o clima mental menos denso, portanto, favorável a um resultado inesperado.

Esforça-te por ser gentil com todos, pois que a gentileza, como afirma o brocardo popular, gera gentileza.

Conserva a ideia da vitória em circunstâncias aziagas, porque, mesmo quando o resultado não é positivo, o aprendizado é de alto coturno.

O pântano ignora a podridão que exala.

O matagal não sabe os prejuízos que produz...

A peste ignora as vidas que arrebata.

Desse modo, drena as águas paradas e dá-lhes movimento, capina a erva má e retira a mata que agasalha ofídios e aracnídeos perigosos, e transforma o terreno em formoso jardim.

Precata-te da pestilência, e a saúde triunfará em teu organismo.

A vida é um convite intérmino à ação edificante.

Cuida do teu jardim mental.

As boas conversações são os maravilhosos instrumentos da edificação do bem.

As palavras carregam as vibrações do tono que as envolve. Nem sempre é o som do verbo, mas a emissão do seu conteúdo moral que tem significado.

Como não podes viver sem pensar, habitua-te a reflexionar nas belezas da vida: o desabrochar de uma flor, o gotejar da água, o leve perfume da brisa que beija o roseiral, as coisas simples da Natureza.

As questões complexas exigem mentes que saibam elaborar esquemas e equacionar enigmas.

Sê simples e acaricia tudo que é delicado e desconsiderado...

Sorri ante um amanhecer iriado da luz do Sol ou o poente em fogo do entardecer.

Olha a vegetação numa greta de pedra onde caiu um pólen, manifestando o poder da vida.

AZIAGO
Que pressagia Desgraça; funesto; nefasto.

DE ALTO COTURNO
De significativa importância.

OFÍDIO
O mesmo que serpente.

PESTILÊNCIA
Doença contagiosa, epidêmica; peste.

IRIADO
Que contém as cores do arco-íris; que brilha com reflexos coloridos; irisado, matizado.

Detém-te e examina um grão de areia que reflete a luz, um pirilampo que brilha no escuro, e descobrirás a maravilha da vida em mil manifestações surpreendentes que fascinam.

PIRILAMPO
O mesmo que vaga-lume.

Pensa em Deus analisando a Sua Obra, deslumbrando-te com um colibri no ar ou uma borboleta leve e flutuante, bailando ao vento brando, ou uma laboriosa abelha produzindo mel e fecundando a Natureza sem o saber.

COLIBRI
O mesmo que beija-flor.

Considera que a tua mente é um jardim portador de belezas inimagináveis. Seleciona o que nele irás plantar, com a certeza, porém, de que colherás conforme a semente que lhe entregares aos cuidados.

Jesus foi peremptório, afirmando que: – *A cada um segundo as suas obras.*

PEREMPTÓRIO
Que é decisivo,
terminante.

Normalmente, o momento da desencarnação libera a memória que evoca toda a existência, especialmente aquilo que mais se fixou na mente através da repetição.

Essas fixações são os pensamentos comezinhos, constantes, viciosos.

COMEZINHO
Que é próprio da vida
comum; corriqueiro.

Desse modo, vive de maneira que, ao desencarnar, a tua memória te abençoe com o jardim de pensamentos elevados, a fim de poderes seguir feliz desde esse momento.

> " AVANÇA, PASSO A PASSO, E
> DESCOBRIRÁS HORIZONTES
> DE INFINITA BELEZA QUE
> ESTÃO AGUARDANDO
> POR TI DEPOIS QUE
> ATRAVESSARES A PLANÍCIE
> BAIXA DOS TESTEMUNHOS
> PROMOTORES DA TUA
> EVOLUÇÃO.

JOANNA DE ÂNGELIS | DIVALDO FRANCO

Capítulo 9

Aflições

As aflições têm sua causa no processo de crescimento espiritual do ser, podendo ter origem nas existências passadas assim como na atual.

A aflição é resultado da insatisfação pessoal ante as ocorrências do dia a dia que não correspondem aos desejos acalentados pelo indivíduo que se sente frustrado ou melindrado pelo desagradável não esperado.

Cada pessoa sempre espera o melhor para si, confiando nos próprios valores e elegendo-se merecedor das melhores conquistas no seu comportamento, considerado por ele próprio como excelente.

Qualquer fato que não corresponda a esse clichê causa desgosto, inevitável aflição que se lhe instala, gerando mal-estar.

A aflição normalmente é filha dileta do orgulho, que se sente ferido como se fosse credor de um regime de exceção na jornada em que se encontra.

O egoísmo, irmão gêmeo do orgulho ou soberba, é um vírus terrível que consome o Espírito e gera vários males que o levam a sucumbir nos compromissos assumidos.

Não se permitindo o autoexame, o de consciência, para analisar o processo existencial, sua finalidade e as razões pelas quais determinados acontecimentos lhe sucedem, surpreende-se com o desagradável, o insatisfatório, o perturbador...

Vivendo-se em um mundo transitório, de ocorrências estabelecidas pelas Divinas Leis, impõe-se inatingível pelo sofrimento, embora em seu contorno encontre todas as expressões possíveis de mal-estares e de padecimentos.

Não preparado para esses fenômenos, rebela-se e piora o seu quadro aflitivo ao descobrir a própria fragilidade.

A presunção, mesmo inconsciente, de que é merecedor somente de alegrias e bênçãos, quando surpreendida pelos impositivos da evolução, estertora e mais agrava a situação.

ESTERTORAR
Agonizar, arquejar, extinguir-se.

Há, indiscutivelmente, uma necessidade urgente de revisão constante dos postulados da vida, de modo a preparar-se para qualquer injunção que tenha lugar à frente.

INJUNÇÃO
Ordem precisa e formal; imposição; exigência.

Todos estamos edificando o mundo, que se torna melhor ou pior em decorrência da contribuição geral de todos que o habitam. E o sofrimento faz parte do processo, porquanto nem sempre tudo sucede como cada qual projeta, deseja ou espera. Sempre ocorrem fatos não esperados ou que, mesmo aguardados, são indispensáveis para a harmonia do conjunto.

A não aceitação do sofrimento de qualquer espécie fragiliza o ser humano, faz dele vítima de si mesmo e o deixa vulnerável ao inconformismo, à pobreza do interior ante a aparência exterior.

Em consequência, costuma-se dizer que tal acontece "porque a carne é fraca", qual se fosse a base da vida. Sabemos que o ser em si mesmo é o possuidor dos fenômenos morais que transmite ao corpo, em constante modificação, até consumir-se pela fatalidade da morte biológica.

Equipado na atualidade de inestimáveis instrumentos oferecidos pela Ciência e o conhecimento das coisas, já não se justificam determinados comportamentos morais e sociais que se façam geradores de aflições.

❖

Toda vez que alguém desrespeita a lei de ordem comete um ato atentatório à harmonia do conjunto.

ATENTATÓRIO
Que atenta contra, infringe, prejudica.

As leis da sociedade, embora algumas ainda sejam bárbaras e injustas, vêm trabalhando os seres humanos para a solidariedade, o compromisso de respeito às minorais étnicas, econômicas, sexuais, de tudo quanto é diferente do tradicionalmente aceito.

Nada obstante, permanecem as condutas odientas, separatistas, agressivas e inconformistas das pessoas que são e formam bolsões de intolerância ou mesmo de perseguição aos outros...

É claro que estão semeando aflições para si mesmas, renascendo, no futuro, nessas situações que deploram.

A Lei de Causa e Efeito, que vige no Universo, empurra o infrator para a recuperação na postura que lhe causava indignação e repulsa, naquilo que combatia com ardor.

Os renascimentos expiatórios em situações aparentemente degradantes são as *mãos* da Divina Justiça plasmando a recuperação dos delitos.

PLASMAR
Dar forma a (alguém, algo ou si mesmo); modelar(-se), organizar(-se).

As pequenas manifestações que surgem na afetividade, na posição social e econômica, na organização somática resultam de abusos do poder em oportunidades pretéritas, para o reequilíbrio da ordem que foi perturbada.

Os aparentes azares e incompreensões que retiram a alegria são frutos da necessidade de educação das dores morais para a aquisição de humildade necessária à harmonia interior, à ausência de culpa íntima nos refolhos do inconsciente, sempre geradora de angústia.

REFOLHOS
(Fig.) Parte mais profunda, mais secreta da alma.

Cada indivíduo, pois, lavra o *solo que adquiriu* na construção do progresso ético-moral, por intermédio das atitudes no período que lhe foi destinado para essa aquisição. Entretanto, diante da impossibilidade de volver para modificar os erros cometidos, dispõe do presente para construir o futuro de paz mediante as reparações indispensáveis e novas construções propiciatórias de bem-estar.

Foi esta a lição magistral de Jesus, nascendo em um estábulo rude: sendo o Senhor das estrelas, conviveu com os miseráveis e desprezados; embora a Sua condição de Excelente Filho de Deus, experimentou a crucificação, quando podia desaparecer das mãos dos Seus inimigos, sem qualquer reclamação ou rebeldia.

...E voltou a esta sociedade ingrata e perversa para oferecer-lhe novas oportunidades de libertar-se das aflições.

Confia em Deus e deixa-te atingir pelas aflições, não as valorizando demasiadamente.

Avança, passo a passo, e descobrirás horizontes de infinita beleza que estão aguardando por ti depois que atravessares a planície baixa dos testemunhos promotores da tua evolução.

Esta, por fim, tem o objetivo de lapidar-te para que o diamante sublime que és, polido, atinja o brilho que lhe é inerente e encontra-se embaçado.

Exulta sempre que venças qualquer aflição que hajas transformado em experiência libertadora.

> "
> TODO ACUME DE
> MONTANHA ONDE SE
> CONTEMPLA A AMPLIDÃO
> É ALCANÇADO COM
> SACRIFÍCIOS PESADOS E
> SOBRE ESPINHOS FERINTES,
> MAS, AO SER ATINGIDO,
> A BELEZA DA PAISAGEM,
> O SILÊNCIO DA SOLIDÃO
> E A ALTURA FACILITAM
> COMUNGARES COM DEUS.
>
> JOANNA DE ÂNGELIS | DIVALDO FRANCO

Capítulo 10

Dedica-te e segue adiante

O espinho que fere tem o papel de protetor da área em que se encontra. Não poucas vezes, porém, é amaldiçoado sem que mude de objetivo por alguém que nele se feriu.

Assim também ocorre nas existências humanas.

Belas rosas exteriorizam perfume e harmonia próximo à protuberância pontiaguda nas hastes que as sustentam.

Sempre haverá obstáculos ante as conquistas evolutivas, dificultando o acesso daqueles que não são autênticos nem leais nos relacionamentos humanos.

Não faltarão, portanto, asperezas e desafios na senda que percorres, se fores fiel ao teu objetivo.

De igual maneira, existem aqueles indivíduos que, não podendo competir contigo na área do bem, invejam o teu êxito e por isso estão na posição de espinhos perversos para testar a tua lealdade ao ideal que abraças.

Acusam-te por esta ou aquela postura ou ação que lhes são familiares e atiram-te pedras para ferir-te em tentativas de diminuir-te o valor ou fazer que desistas do trabalho, dando--lhes argumentos confirmativos da sua maldade.

Todo esforço na edificação do bem e plantação da verdade nas demais vidas desperta reações equivalentes à qualidade e ao resultado do empenho aplicado.

Os ociosos, pobres de valores éticos e ricos de presunção, sempre se encontram na *torre de vigia* para enxergar os ciscos nos olhos do próximo, embora conduzindo traves nos próprios.

Dizendo verdades que poderiam ajudar, o desejo real é interditar a ação do benefício.

Culminando de forma consciente, deixam, pela antipatia que mantêm, extravasar o ódio da própria inferioridade moral que os caracteriza.

Detestam os servidores do Evangelho, especificamente porque são incapazes de vivenciá-lo e depreciam através do ridículo aqueles que o conseguem.

Preferem a hostilidade que os compraz ao esforço íntimo de tornar-se melhores espiritualmente. São semelhantes a embarcações sem rumo em águas tumultuadas.

Enquanto transitas por vias seguras e nobres, defrontarás empecilhos em forma de espinhos cruéis em seguidas tentativas infrutíferas de impedir-te o avanço, o devotamento, a conquista de espaço para o bem geral.

Muitas vezes, surgem na condição de amigos para colher material que transformarão em fornalha ardente de acusações e animosidades.

Estranhos que nunca fizeram nada em favor da sociedade criarão embaraços e farão denúncias sérias, soberbos e professorais, pelo despeito da tua fidelidade que invejam. Não são capazes de esforçar-se em favor dos outros, mas somente laboram naquilo que os projeta e os torna conhecidos.

Não te preocupes com eles. Somente têm tempo para a autodefesa e o contra-ataque, todos desocupados iguais a eles.

Em antiga fábula, Androcles, um escravo que fugiu de um ex-cônsul romano, escondeu-se numa cova onde se encontrava um leão ferido na pata por um terrível espinho. O fugitivo retirou-o e cuidou do animal. Mais tarde, ao ser atirado à arena romana para morrer, um dos leões que lá estavam reconheceu-o e salvou-lhe a vida.

Repetem-se amiúde fatos semelhantes. Entretanto, a gratidão e a solidariedade ainda não vigem entre muitos indivíduos.

Por enquanto e por mais algum tempo será assim.

A luta áspera será travada na intimidade dos grupos que deveriam se auxiliar, de modo a propiciar à Humanidade seguras diretrizes de conduta, especialmente fixadas na solidariedade entre todos, em clima de trabalho de iluminação interior e de construção da paz, elemento básico para a felicidade.

Ainda predominam na criatura humana *a natureza animal em detrimento da espiritual e o desbordar das paixões.*

As paixões primitivas estão muito exacerbadas na atualidade, assim como os prazeres da luxúria e outros que se encontram em destaque, apresentando-se como forma de conquistar-se a plenitude emocional.

Prossegue inalterado no cumprimento do teu dever, negando combustível para as contendas inúteis.

Mantém pelo exemplo silencioso e o trabalho fecundo a demonstração do teu valor.

Segue tranquilo, pois que a vitória somente consagra o trabalhador após os embates vencidos.

❖

O notável Pierre Paul Broca, anatomista e antropologista francês, descobriu o *centro da palavra* na terceira circunvolução

FÁBULA
Narração de aventuras e de fatos (imaginários ou não); fabulação.

AMIÚDE
Repetidas vezes, com frequência.

DESBORDAR
Ir além dos limites de; extrapolar.

CONTENDA
Altercação, rixa, discussão; discórdia

CENTRO DA PALAVRA
A elaboração da palavra falada tem sua origem na área do hemisfério dominante que se encontra no extremo posterior da circunvolução frontal inferior, também conhecida como área de Broca.

frontal esquerda do cérebro e experimentou muitas lutas, sem que fosse demonstrada irreal essa notável conquista.

O químico francês Louis Pasteur, às vezes ridicularizado por ser o *perseguidor de bichinhos voadores*, descobriu muitas bactérias responsáveis pela decomposição da matéria e geradoras de doenças, inclusive o vírus da raiva, salvando multidões, não compreendido de início...

Ignaz Semmelweis, o admirável médico húngaro, descobriu a assepsia e, ao recomendar que os *médicos lavassem as mãos*, foi expulso para Bruxelas, onde veio a desencarnar por infecção.

Oswaldo Cruz foi perseguido no Rio de Janeiro, quando conseguiu organizar os *mata-mosquitos* para salvar a população da malária que grassava na cidade.

Eunice Weaver foi detestada pelos hansenianos ao criar o preventório para evitar que os descendentes dos enfermos se contaminassem.

Marie Curie queimou as mãos com a radiação da pechblenda diluída e era desconsiderada por ser mulher...

Sempre haverá um motivo para combater-se o bem em todas as áreas do conhecimento.

Allan Kardec foi caluniado e perseguido por *amigos* e frequentadores da Sociedade Parisiense de Estudos Espíritas, sendo o *vaso escolhido* para trazer à Terra o Consolador, que Jesus houvera prometido.

Francisco Cândido Xavier foi ultrajado pelo próprio sobrinho e por inevitáveis adversários enquanto iluminava o mundo com as luzes da sua missionária mediunidade.

...E Jesus foi crucificado e até hoje é combatido por cegos adversários do amor e da verdade.

Permanece tu fiel aos compromissos a que te afeiçoas.

Quando louvado e aplaudido, preocupa-te, tenta descobrir onde estás falhando e retorna a Jesus.

MATA-MOSQUITO
Funcionário pertencente aos serviços de higiene pública, encarregado de exterminar focos de larvas de mosquito.

GRASSAR
Alastrar-se, espalhar-se.

PECHBLENDA
Variedade de uraninita, de cor marrom ou preta, finamente granulada, amorfa ou microcristalina, principal mineral-minério de urânio, além de ser também fonte de rádio.

Mas se fores incompreendido e sofreres, sem qualquer masoquismo, alegra-te, porque permaneces fiel.

As *estradas* de Assis assim como a *via crucis*, nas suas características, são as únicas a conduzirem à plenitude...

Todo acume de montanha onde se contempla a amplidão é alcançado com sacrifícios pesados e sobre espinhos ferintes, mas, ao ser atingido, a beleza da paisagem, o silêncio da solidão e a altura facilitam comungares com Deus.

ACUME
Ponto ou parte mais alta.

Não te detenhas nunca sob qual justificativa se apresente.

Sobe a montanha confiante de que alcançarás o seu topo.

> A TERRA É A
> BENDITA ESCOLA DE
> APRIMORAMENTO
> ESPIRITUAL DOS ESPÍRITOS
> QUE NELA HABITAM,
> UTILIZANDO-SE DOS SEUS
> RECURSOS PARA ALCANÇAR
> O REINO DOS CÉUS.

JOANNA DE ÂNGELIS | DIVALDO FRANCO

Capítulo 11

Confiança

Nunca duvides da vitória do Amor de nosso Pai Celestial, que vela e sustenta o Universo.

Sempre chegam recursos inesperados nos momentos difíceis das provações humanas, mesmo quando não solicitados. O importante é sempre confiar na Divina Providência, que jamais se equivoca ou olvida do Amor a toda a Criação.

Se pensasse, a lagarta duvidaria da possibilidade de deixar um *invólucro* rastejante e lento para tornar-se formosa e leve borboleta flutuando no ar.

Se dependesse de raciocínio e crença, bilhões de vidas microscópicas não acreditariam que a sua identificação em união com outras formaria mecanismos de altíssima complexidade, tais os conglomerados celulares e demais expressões de vida.

Se imaginasse, a semente, às vezes insignificante, com certeza duvidaria da fatalidade vegetal de que é portadora, numa variedade infinita de cores e de formas que deslumbram a imaginação humana. A flor delicada não poderia conceber que seria destruída para que o fruto a substituísse e trouxesse o mesmo destino sublime.

Na ordem universal, tudo possui finalidade específica e vinculação com a Divindade.

Nesse incontestável intercâmbio de energia, o Amor, que a tudo e todos harmoniza, produz o que se encontra programado pela Causa Primeira, cujos efeitos nunca cessam de dar formas e expressões diferentes.

Os mecanismos das transformações em favor do equilíbrio no Cosmo são incontáveis e inimagináveis, desde as fantásticas convulsões sísmicas aos delicados perfumes que flutuam no ar.

Quando se acompanha em a Natureza a *cadeia alimentar* que sustenta a vida, é-se tomado por sentimentos complexos e alarmantes, ao verificar-se que a vida de uns é responsável pela de outros e que nesse determinismo se estabelece a harmonia do próprio existir.

A princípio, é-se tomado por estranheza em face da agressividade e da maneira de destruição de uns em benefício de outros que, por sua vez, são também devorados na próxima oportunidade.

Logo depois, é-se tomado pela compaixão e, por fim, dominado pela compreensão de que não existe, pelo menos por enquanto, outra maneira de manter-se a vida vegetal, animal e humana, pois que tudo é transitório e mutável, menos a vida em si mesma, a energia que é celebrada como tal.

Adaptando-se aos impositivos dos fatos, o ser humano deve submeter-se aos acontecimentos realizadores do fatalismo da evolução.

Do imperfeito ao harmônico, do simples ao composto, do ignorante ao conhecedor, são os passos do processo da vida que atende à conquista do estágio superior e, nesse prosseguir, liberta-se dos impositivos da Lei de Destruição, que vige nas faixas inferiores.

Amoldando-se aos fenômenos do processo transformador, o Espírito desata as potências de que se constitui para a plenitude.

Todo tipo de atrito produz benefício quando sob as mãos do destino modelador de todas as ocorrências.

Por isso, mesmo o sofrimento não constitui desgraça como ordinariamente se pensa, mas depuração, trabalho de burilamento, em razão das atitudes recalcadas e rebeldes que se não permitem o fenômeno natural e são constrangidamente levadas à adaptação da finalidade existencial.

Por essa razão, o conhecimento desempenha um papel preponderante no curso da vida, pois que esse processo se estabelece por fazer parte da programação existencial.

DEPURAÇÃO
Purificação moral; correção, expurgação, sublimação; aperfeiçoamento, refinamento.

BURILAMENTO
Tornar mais apurado; aprimorar, aperfeiçoar.

A Terra é a bendita escola de aprimoramento espiritual dos Espíritos que nela habitam, utilizando-se dos seus recursos para alcançar o Reino dos Céus.

Iniciada essa viagem de progresso, a cada momento novas experiências assinalam a aprendizagem e embelezam-na. É natural que a grande viagem defronte obstáculos, que se constituem desafios para serem vencidos e tipifiquem o avanço.

Toda a planície recebe os benefícios do planalto, onde nascem córregos, rios, esplende a Natureza e a visão alonga-se ao infinito.

PLANALTO
Superfície elevada e plana, ou com poucas ondulações, entalhada por vales encaixados, o que supõe uma certa altitude acima do nível do mar.

Nas baixadas, há o tumulto, a mistura de interesses, deságuam as cataratas e correm ligeiras pelo solo, normalmente conduzindo lixo e lodo que serão drenados, de modo a ser alcançado o mar gigantesco no qual se perdem todos os conflitos no mesclar dos líquidos com as expressões diferentes que alberga.

A esperança de prosseguir de forma gentil e inquebrantável é a fatalidade universal, mas no ser humano deve constituir-se de confiança e coragem para prosseguir em qualquer situação, aureolando o aprendiz com a alegria e a tranquilidade que contribuem para o enfrentamento dos novos percalços.

PERCALÇO
Dificuldade, obstáculo, transtorno que surge durante o processo de se fazer, pensar ou realizar algo.

Toda ascensão é difícil, especialmente porque é necessário conquistar áreas desconhecidas e ser surpreendido pela visão diferente, fruir a bênção do novo, do ignorado.

Desse modo, a enfermidade, a desencarnação – esse fenômeno de avaliação de resultados – também se encontram incursas como responsáveis pela aferição dos valores adquiridos.

Concentra-te, deste modo, nas lições do quotidiano para poderes mais facilmente vivenciar a alegria e sair do período de sofrimento e queixas no qual te deparas.

Racionaliza cada ocorrência e não te permitas a postura de vítima, que somente obnubila a razão, para adquirir o júbilo de aprendiz que avança na conquista da liberdade.

Observa uma cebola e verás que o seu exterior é grotesco, cedendo às sucessivas e idênticas camadas que se lhe suavizam à medida que se alcança a sua seiva, o centro, onde a vida se encontra em germe.

A partir dessa fase, irás penetrando em contínuas camadas invisíveis, que vão além da forma.

De igual maneira, sai-se do tosco e grosseiro para o delicado e vital, que é a essência em si mesmo do ser.

Segue em confiança e não te detenhas.

Nada te desconforte porque estás em trânsito.

Posteriormente sentirás a doce melodia da paz integral cantar em tudo que vibrará encantamento e bênçãos.

❖

Nunca duvides, portanto, do apoio de Deus e dos Seus ministros na sinfonia de amor que é a vida.

Vive, pois, em perfeita identificação com os programas existenciais, e a confiança, tomando conta do teu pensamento, levar-te-á à plenitude do existir.

OBNUBILAR
Tornar(-se) obscuro; escurecer(-se).

JÚBILO
Alegria extrema, grande contentamento.

MINISTRO
(Fig.) Auxiliar direto do mandatário supremo.

"

O ATO DE AMAR
RESULTA DO ESPÍRITO DE
CONFIANÇA EM DEUS E,
POR CONSEQUÊNCIA, NAS
DEMAIS CRIATURAS, SOB
QUAISQUER ASPECTOS
SE APRESENTEM.

JOANNA DE ÂNGELIS | DIVALDO FRANCO

Capítulo 12

Sê agradecido

Tradicionalmente se concebeu que a gratidão é o ato retributivo por algum benefício de que se foi objeto.

Decerto, esta é uma forma de expressar o reconhecimento ao bem que lhe foi ofertado.

Trata-se de um ato de delicadeza, trabalhado pela educação social. Nem sempre, porém, o ato de retribuir traduz o sentimento da gratidão, que é muito mais profundo, na condição de sentimento.

Toda vez que alguém retribui um benefício promove a ação edificante e altera a paisagem emocional própria, ao mesmo tempo que se faculta sentir a convivência comunitária.

De alguma forma altera-se a postura ególatra para demonstrar o sentido cooperativista da vida.

Tudo que existe é resultado de permutas e contínuas transformações, na condição de complexos mecanismos de cooperação, o que equivale a dizer de retribuição.

Retribuir é valorizar a dádiva recebida, o doador, a circunstância e demonstrar que faz parte do grupo em que se movimenta, de alguma maneira vitalizando-o, dando-lhe significado.

No comportamento moral, no entanto, como decorrência do instinto de conservação da vida, o ser humano preserva os interesses que lhe dizem respeito e desenvolve, às vezes, uma falsa postura de merecimento, fazendo crer que é possuidor de receber favores, embora o seu *ego* insaciável sempre espere mais sem qualquer dever de oferta.

Isola-se quanto pode, cumpre os deveres que lhe interessam, observa as problemáticas dos outros e se atribui valores morais que realmente ainda não desenvolveu até atingir o amadurecimento.

A gratidão é-lhe um sentimento novo, ainda não consolidado na condição de respeito pela vida.

Materialmente é fácil expressar gratidão exterior, que, no entanto, não possui as condições que a legitimam, dentre as quais a de natureza afetiva, de real desejo de construir o bem-estar onde se encontre.

Por essa razão, o sentimento de gratidão pode expressar-se num olhar específico, numa palavra bem colocada, num sorriso expressivo...

Não será pelo volume ou valor do que se ofereça em troca, mas pela emoção de sentir o amor daquele que a oferta.

Quando Jesus carregava a cruz e tombara mais de uma vez ao seu peso, um centurião puxou um homem na multidão e pô-lo a chibatadas a ajudar o Condenado.

Ao sentir diminuída a carga, o Mestre olhou para trás e viu o constrangido a auxiliá-lO... O Seu olhar de ternura e de gratidão foi tão profundo que o homem de Cirenaica jamais O olvidou, amando-O e mudando completamente o rumo da sua existência.

Narram as notas escriturísticas que a sua vida como a da sua família, a partir daquele momento, modificaram-se para melhor e nunca mais foram as mesmas, e ele, o *cireneu*, tornou-se o símbolo de todo aquele que auxilia o seu próximo nos momentos supremos com o próprio sacrifício.

CENTURIÃO
Na Roma antiga, o comandante de uma centúria (equivalente a capitão, no Exército brasileiro).

OLVIDAR
Esquecer(-se).

CIRENEU
(Fig.) Que ou o que ajuda ou colabora, esp. em trabalho difícil.

A onda emocional de ternura do Mestre envolveu-o naquele instante rápido e o fez renascer, ser outro homem.

A gratidão é a *voz do coração* falando sem palavra nos arquivos do sentimento.

Muita falta faz o espírito de gratidão na Terra, que se tornou árida e sem as flores da alegria entre as criaturas humanas.

Nunca houve tanta cultura intelectual, assim como recursos psicoterapêuticos para o ser existente com problemas, criados por ele mesmo.

A falta de hábito de ser gentil, de amar, aprisionando-o num egoísmo enfermiço, a postura distímica permanente produzem distúrbios hormonais na área da afetividade e atormentam o próprio paciente, que tem dificuldade de amar, de confiar, de entregar-se.

O ato de amar resulta do espírito de confiança em Deus e, por consequência, nas demais criaturas, sob quaisquer aspectos se apresentem.

Quando se experimenta o *sal do amor* na existência física, ela adquire sentido e significado, uma razão de ser e viver.

As pessoas assimilam padrões de conduta exterior enquanto se consomem em labaredas de desejos e de angústias, frutos das ambições insatisfeitas.

A flor no charco é a gratidão do vegetal ao húmus desprezível que nutre as suas raízes.

O brilho do diamante é o reconhecimento da pedra bruta ao buril que a trabalha com vigor.

O metal moldado agradece à fornalha que lhe concedeu beleza e utilidade.

A leve borboleta que flutua no ar expressa a sua libertação da lagarta rastejante e lenta no solo.

DISTÍMICO
Pessoa que sofre de distimia, que se caracteriza principalmente pela falta de prazer ou divertimento na vida e pelo constante sentimento de negatividade.

CHARCO
Água parada, rasa, suja e lodacenta que se espalha no chão.

Tudo se modifica e se aprimora, mesmo quando parece em degradação, que é período de mudança para outra fase.

Assim pensando, sê grato à dor que te reduz à realidade frágil de que te constituis.

Coopera com o progresso espiritual da Humanidade, concedendo ao teu agressor a fase primária pela qual transita no momento e agradece por já a haver ultrapassado e ser agora a vítima, não o desencadeador do sofrimento alheio.

Quantos leprosos eram aqueles no grupo que Jesus curou? Por que somente um voltou para agradecer-Lhe a vida e a rapidez da conquista da saúde? E os outros, para onde seguiram?

Certamente a vida aguardou por eles, os ingratos, um pouco mais à frente.

Consente que os teus sentimentos não se olvidem de quem hoje te obstina, mas *ontem*, noutra oportunidade, amparou-te.

OBSTINAR
Não ceder.

Tudo é transitório, é certo, mas a gratidão faz-te devedor do anjo bom que oportunamente esteve ao teu lado.

Nunca o esqueças!

Por tua vez, faze todo o bem sem pensar na retribuição, pois que esta é a satisfação experimentada pelo ato que realizaste.

A alegria de quem acende uma luz é a bênção da claridade.

❖

...E, em relação aos ingratos, compadece-te deles, porque as necessidades que a todos visitam alcançá-los-ão também no momento próprio.

A Ressurreição de Jesus é o mais belo testemunho de Amor e de Sua gratidão aos que Lhe assassinaram o corpo, pois que se não tivesse havido a morte, não se teria a gloriosa ressurreição.

> **" A REENCARNAÇÃO É O RECURSO PRECIOSO QUE A VIDA OFERECE A TODOS QUE RUMAM NA BUSCA DA PLENITUDE.**
>
> JOANNA DE ÂNGELIS | DIVALDO FRANCO

Capítulo 13

Vida e imortalidade

O Universo é um ser vivo que se expande e se contrai ao impacto de forças inimagináveis, num *continuum* infinito.

Tudo quanto se movimenta traduz ação, portanto, vida imanente em desenvolvimento.

Eis por que a vida se encontra em toda parte, demonstrando ser incoercível.

Desde as expressões vibratórias mais primárias até as colossais, ei-la em crescimento e qualificação que transcendem a qualquer observação, por mais profunda que seja.

O ser humano encontra-se no pináculo da vida desde o momento que pode pensar e entender os desígnios que dizem respeito ao existir.

A partir dos primeiros ensaios moleculares, até o estabelecimento equilibrado de todas que dão forma e compreensão ao ser humano, a vida alcançou um dos harmônicos e belos estágios do processo de evolução.

A energia que reuniu os inumeráveis segmentos que se transformaram em órgãos até alcançar a arte de pensar, entender e cocriar é, como definiram os Espíritos do Senhor,

IMANENTE
Que está inseparavelmente contido na natureza de um ser ou de um objeto; inerente.

INCOERCÍVEL
Que não se pode dominar, refrear, impedir; irreprimível.

COLOSSAL
Grande como um colosso; gigantesco, descomunal, vastíssimo.

"o princípio inteligente do Universo", conforme a resposta da questão de número 23 de *O Livro dos Espíritos*.

Esse princípio, portanto, representa a fase inicial da experiência criadora que jamais cessará de desenvolver os inconcebíveis conteúdos que lhe jazem em potência gigantesca.

A vida humana, pois, é bênção que o ser alcança no seu processo de evolução, através de mutações, de atividades incessantes para alcançar a plenitude nessa viagem descomunal da imortalidade.

Nada perece, pois que tudo se encontra em movimento, mesmo que não perceptível, rumando em direção do finalismo que lhe está destinado, e deve ser alcançado a esforço pessoal, o que representa, no conceito do Evangelho de Jesus, a conquista do Reino dos Céus.

Assim sendo, não existe a morte, a destruição, no que diz respeito ao aniquilamento, mas sim contínuas transformações dentro de um esquema adrede traçado, no qual a presença do que se denomina caos faz parte do processo.

Os sentidos físicos são muito pobres para perceberem a grandeza e majestade do fenômeno a que se chama vida, especialmente a de natureza humana, que desafia os seus mais cuidadosos investigadores, em razão da sua complexidade infinitamente sutil – o Espírito –, a semimaterial – que é o perispírito – e o corpo material, em uma interpenetração energética de grande intensidade.

Quando a organização física deixa de receber a força mantenedora que vem do Espírito, dá-se o afrouxamento dos liames perispirituais e a separação do *princípio inteligente*. Este fenômeno, a morte, é uma fase para a reestruturação dos valores do Espírito durante a vilegiatura material.

Retorna às origens, envolto no invólucro perispiritual, no qual estão impressas as ondas vibratórias do comportamento moral que o capacitam ao acesso de patamar superior ou repetição da experiência por intermédio de nova investidura carnal.

A libertação da roupagem celular dá lugar a consequências compatíveis com as qualidades morais de que se fez utilitário o Espírito imortal.

Morrer constitui a separação dos invólucros materiais e a desencarnação, quando há a separação dos despojos em processo de transformação na química inorgânica da Natureza ou dos fatores que produziram o fenômeno, libertando o Espírito.

Assim sendo, morte é transferência de vibração, ou de onda, na qual se movimentam os seres.

Cada qual vive no campo energético a que faz jus, o que propicia felicidade ou desdita.

DESDITA
Má sorte, infortúnio, desgraça.

Essa é a razão pela qual a vida exige uma ética para ser experienciada por todos os indivíduos.

O desenvolvimento intelecto-moral do Espírito ocorre através de etapas terrenas e espirituais, quando aprende a compreender a realidade da vida.

Por tal razão, as Leis que regem o Universo estabelecem códigos e programas que facultam a aprendizagem e desenvolvem os potenciais divinos que se encontram adormecidos no cerne da energia vital.

CERNE
(Fig.) Parte central ou essencial de; âmago, centro, íntimo.

Quando esses códigos são vivenciados dentro dos padrões estabelecidos, novos desafios surgem e abrem horizontes mais amplos, que proporcionam bem-estar e estímulo para a continuação do processo.

No sentido oposto, quando não se valorizam as lições existenciais, permanece-se nas faixas primevas, entre os instintos agressivos e as possibilidades emocionais não utilizadas.

PRIMEVO
Inicial, antigo.

A reencarnação é o recurso precioso que a Vida oferece a todos que rumam na busca da plenitude.

Primordial, a Lei de Amor é a base de todas as demais, por ensejar a ampliação do conhecimento e o controle nas manifestações ambientais e sociais, que servem de escola para a conquista de si mesmo, já que é do interior que partem os impulsos e as emoções.

Essas leis sustentam a do Progresso, que favorece com a de Justiça, de Trabalho, de Solidariedade, de Perdão, de Destruição...

Periodicamente, o aprendiz deste educandário, que é a Terra, é chamado a prestar contas dos recursos que lhe foram confiados e de como foram ou não aplicados devidamente.

Trata-se da morte, transferência de onda existencial, a fim de serem conferidas as atividades a que cada qual esteve submetido.

Todos os seres vivos periodicamente experimentam essa inevitável transformação, que é uma etapa da imortalidade.

É natural que, durante a sua ocorrência, aqueles que se encontram no convívio carnal experimentem a ausência das afeições que se fizeram estabelecer, mediante a estrutura da afetividade, na família, na convivência social e espiritual...

Essa saudade que fere os sentimentos pode e deve ser superada ante a certeza do reencontro que se dará oportunamente, quando da partida de quem ficou e agora seguiu ao Mais-além.

Não te deixes abater ou retirar o teu sentido existencial quando alguém amado for convidado a retornar antes.

Prossegue amando e recordando os momentos felizes que viveste ao seu lado e faze o bem em sua memória, maneira eficaz de demonstrar-lhe a gratidão pelas dádivas que foram fruídas em sua companhia.

A morte é inevitável experiência para a conquista da perenidade.

Não a lamentes nem a louves.

Respeita-a e prepara-te para o teu momento.

Mesmo Jesus, o Divino Construtor do Planeta, utilizou--se de um corpo tangível para depois experimentar o fenômeno da morte e ressurgir em gloriosa forma de luz.

...Enquanto isso, ama e opera no bem, crescendo para Deus.

TANGÍVEL
Que se pode tocar, corpóreo, tocável.

> **A ATUAL RENÚNCIA EM BENEFÍCIO DA HUMANIDADE REPERCUTE NAS ONDAS SIDERAIS DA IMORTALIDADE.**
>
> JOANNA DE ÂNGELIS | DIVALDO FRANCO

Capítulo 14

Domar a si mesmo

Além do invólucro carnal encontra-se o Espírito imortal, debatendo-se entre as remanescentes heranças do primarismo e as valiosas conquistas da autoiluminação.

Domar as más inclinações, aquelas que o instinto preserva em mecanismo de autodefesa pelo prazer especial do egotismo, é dever inadiável para vencer esse câncer devorador que exaure a sociedade contemporânea.

Todos ou quase todos os mecanismos de desenvolvimento intelectual estimulam a perseverança nos baixos níveis do primarismo, embora a atração do processo da evolução invite sem cessar para a saída da *caverna* do Eu ignorante e preconceituoso.

Cabe ao ser humano a necessidade imperiosa de renovar o material impresso no seu inconsciente, substituindo-o pelas aspirações sublimes da aquisição moral da harmonia íntima.

O combate incessante às experiências perturbadoras e belicosas constitui um dever impostergável pela Lei de Progresso.

Por mais se deseje, teimosamente, permanecer na asfixia dos sentimentos perversos, é impossível fugir-lhe aos efeitos desastrosos, isto é, às provações e expiações purificadoras.

Em cada época a Humanidade desfrutou da bênção de missionários do amor e da verdade, que ensinaram as regras elevadas de conduta para tornar as criaturas melhores sob qualquer ponto de vista. Mesmo no período da barbárie, os *feiticeiros* e *xamãs* foram de alguma forma intérpretes do Mundo transcendental.

Tudo quanto se ignora constitui um cárcere na área do conhecimento que deve ser trabalhado para a liberação. Essa é a finalidade essencial do processo reencarnatório, com o objetivo de brindar pelo esforço pessoal a luz do discernimento que brilha de dentro para fora, domando as *más inclinações*.

Todos esses ministros do saber ensinaram deveres de comunhão fraternal, dando lugar ao surgimento da emoção religiosa, que se transformaria em conduta ética e filosófica, de modo que em todos se encontrava, simultaneamente, a crença numa realidade maior, numa governança poderosa.

Destacaram-se mentes superiores, cujas mensagens insuperáveis pela sua legitimidade deveriam moldar o caráter e a conduta de todas as criaturas. Entretanto, os atavismos predominantes conduziram as crenças ao extremo de transformar-se em armas diabólicas de destruição, de matanças indiscriminadas.

Com muita dificuldade o ser humano conseguiu encontrar no amor o liame comum para unir a todos em uma grande e única família, o que ainda não foi alcançado, mas o será.

Esse advento alcançou o seu clímax com a presença de Jesus no mundo, que veio abraçar todos os seres na condição de irmãos que tinham coragem para seguir-Lhe o exemplo ímpar.

CLÍMAX
Ponto mais alto, ápice.

Os muitos séculos de ignorância e de recuperação da selvageria em combate geraram as lamentáveis sementeiras de ódio e de vingança que vêm sendo vencedoras, a pouco e pouco, dos elevados propósitos de união.

Experiências passadas e recentes de derrubada de obstáculos fronteiriços, de um idioma, uma só moeda, um intercâmbio fraternal mais significativo não lograram fixar-se por muito tempo, deixando, porém, lições maravilhosas pelas vantagens em relação aos aparentes prejuízos na economia e no progresso de cada nação.

Reencarnações sucessivas têm facultado a renovação dos propósitos e das normas de comportamento, que abrem espaços à solidariedade e à justiça, à alegria e ao bem-estar.

❖

Recentemente, um grande supermercado abriu as suas portas apresentando somente produtos nacionais, e as prateleiras pareciam vazias, causando um choque na clientela, isso porque a grande maioria dos alimentos procede de outras nações que, por sua vez, beneficiam-se dos que são produzidos onde se fazem expostos.

Essa realidade simples, quando aplicada a outras utilidades, produz um impacto muito maior, porque normalmente determinado povo ou região especializa-se mais ou mais produz uns recursos do que outros, e o intercâmbio, mediante controle, faculta abundância em toda parte.

Filosoficamente, as revelações espíritas dispõem de instrumentos valiosos para essa empresa de redenção das vidas.

De um lado, a presença dos sofrimentos de todo jaez tem convidado a mente à reflexão em torno do destino e da dor, embora as ânsias do amor e da felicidade.

JAEZ
(Fig.) Conjunto de traços ou características.

Concomitantemente, as aberrações morais do século e as calamidades que irrompem a cada momento são outros fatores que propelem para a redenção e união dos povos, de modo a se socorrerem fraternalmente.

PROPELIR
Empurrar, impelir, impulsionar.

A criatura humana compreende o impositivo do realismo edificante através das filosofias saudáveis que propiciam o equilíbrio das emoções e a paz dos sentimentos.

A vacuidade, porém, destas horas de tensão e de desafios de vária ordem conspira contra o exercício da paz pes-

VACUIDADE
Estado, condição ou qualidade do que é ou está vazio.

soal em função dos anunciados prazeres bestiais a que se está acostumado. O resultado são os fracassos morais contínuos e as derrocadas espirituais que empurram a Humanidade para testemunhos horrendos, dos quais, no entanto, pode-se evadir.

DERROCADA
(Fig.) Ruína, decadência, degradação.

Impõe-se a diretriz do bom proceder, que é o antídoto único e eficaz para tudo de bom e de belo que a cultura multimilenária conseguiu produzir.

ANTÍDOTO
(Fig.) Corretivo, remédio.

Essa revolução desesperadora se dá no íntimo de quase todos os indivíduos, inclusive naqueles que operam no bem, trabalham, afadigam-se e algo parece faltar-lhes, ao invés da alegria inefável de que devem desfrutar os obreiros do Senhor.

Insistir e perseverar são a receita eficaz para a porvindoura plenitude que todos anelam.

ANELAR
Desejar ardentemente; ansiar, almejar.

Essa desagradável sensação interior resulta da mórbida psicosfera terrestre que está sendo purificada.

PSICOSFERA
Atmosfera psíquica, campo de emanações eletromagnéticas que envolve o ser humano.

Assim, permanece no teu novo programa de iluminação de consciência e de harmonia plena.

A atual renúncia em benefício da Humanidade repercute nas ondas siderais da imortalidade.

Domado, conforme estás tentando fazer, o *homem velho* em um *homem novo* será o vencedor *amanhã* desta batalha que vens travando há tempos.

Herdeiro da Divina Luz, purifica-te para clarear o mundo, tomado de sublimes raios das bênçãos do amor.

> **JESUS É A ROCHA VIVA PARA NOS APOIARMOS SEMPRE. NADA O ABALA OU O AFASTA DO FOCO QUE NOS RESERVA, QUE É A PLENITUDE.**
>
> JOANNA DE ÂNGELIS | DIVALDO FRANCO

Capítulo 15

Jesus!

Em todas as épocas, desde aquelas nas quais o *princípio inteligente* iniciou o seu processo de crescimento, encontrou outros seres que se caracterizaram pela ferocidade e percepções elevadas da vida.

Passaram gerações que se sucederam como as ondas do mar, desenvolvendo as ambições bélicas e os sentimentos de submissão à crença nas Forças Superiores que governam o mundo.

Mesmo nas gerações mais bárbaras existia o temor a respeito da existência humana antes que fosse definida e compreendida, surgindo os cultos terríveis de submissão e respeito, assim como as alegrias de agradecer e obedecer.

No imenso período pré-cristão, surgiram homens e mulheres dotados de poder e força, conhecimento e temor, que se impuseram como líderes e comandantes dos grupos desarvorados que se entredevoravam inconscientes da responsabilidade.

Surgiram Nabucodonosor, na Babilônia; Assurbanípal, na Assíria; Ciro, na Pérsia; Alexandre Magno, na Macedônia; Kwan Kung, na China; Júlio César, em Roma, e, simultaneamente, além dos belicosos e cruéis que criaram e destruíram impérios grandiosos, os missionários do amor e da sabedoria também apareceram.

Krishna, Lao-Tsé, Confúcio, Moisés, Zoroastro ou Zaratustra, Akhenaton, os deuses gregos e romanos assim como os de todas as mitologias e doutrinas animistas, exaltando a imortalidade, ao mesmo tempo que convidavam as pessoas à fé e ao respeito pelo Soberano Máximo da Vida.

Profetas e *pítons*, feiticeiros e xamãs, intermediários do mundo das sombras a fim de que se pudesse atender e desenvolver as boas inclinações, falando sobre o rio do esquecimento e o despertamento feliz ou amargurado, quando retornavam para advertir os transeuntes carnais.

Deuses e *anjos*, estranhos quão violentos, lutavam com aqueles bons e gentis, anunciando o prosseguimento da vida e elucidando os enigmas existenciais.

Pensadores variados mergulharam nas interrogações do Universo e sua grandeza, procurando respostas que explicassem a razão do existir, a questão das dores e das alegrias do bem e do mal. Após reflexões, às quais se entregaram em regime total, também contribuíram com a sabedoria adquirida à libertação da vida e à sua extinção em colossais propostas filosóficas, que prosseguem conduzindo o pensamento humano.

Num período em que a Humanidade encontrava-se em paz política sob o imperador Otaviano, nasceu Aquele a que se referiam todas as profecias: Jesus!

Num pequeno burgo onde a Natureza esplendia, uma gruta de calcário tornou-se deslumbrante entre animais domésticos, porque ali nasceu o Rei Terrestre, humilde e luminoso, como o *zimbório* estrelado.

Assistido por pastores e suas ovelhas, sob o domínio tirânico de Herodes, o Grande, homicida e insensível, astuto e cruel, que logo soube da Sua chegada à Terra através da ingenuidade de visitantes que vieram do Oriente, a fim de trazer-Lhe presentes.

Esteve sob armadilha desumana, transferiu-se para a sombra da Esfinge e das pirâmides no Egito, correu nas praias abençoadas do Rio Nilo, até o dia em que retornou à pátria, após a morte do tirano enganado e enganador. Cresceu com a espontaneidade do lírio do campo e a beleza dos amanheceres diários, ricos de sol e bons como o mel produzido pelas abelhas laboriosas.

Viveu em modesto lugar, onde a simplicidade das condutas e a pureza dos corações cantavam hosanas ao Senhor, assinalando todos com a ternura angelical do amor.

Jesus é o excelente Filho de Deus, que se ofereceu em holocausto humano para ensinar amor às criaturas humanas, cujo desenvolvimento moral era ainda muito limitado, em razão da pobreza e da cultura então reinante.

Poderoso era aquele que podia execrar e ferir, dominar e matar.

Rico também era quem possuía moedas e valores que o tempo desgasta, os ladrões roubam e sempre ficam, jamais acompanhando os seus mordomos por muito tempo, sempre passando de mãos.

Os sentimentos de respeito e dever confundiam-se ao medo e à soberania dos que se apresentavam como fortes.

O povo era ignorado, vivia do solo ou do mar, dos modestos negócios para a manutenção do corpo.

Ele veio ensinar plenitude e felicidade.

O indivíduo vale pelo que é, não pelo que carrega com medo e perde no meio do caminho.

A bondade é espontânea como os frutos que nascem das flores, e o ar que sopra sem saber-se de onde vinha e para onde ia.

Foi por essas e muitas outras razões que Ele se tornou especial.

A Sua existência é a mais bela história de vida que se conhece.

A música da Sua Mensagem ainda ressoa como a mais grandiosa sinfonia de que se tem notícia cantada na pauta da Natureza, enquanto a brisa do entardecer musicava aplaudindo cada verso e as primeiras estrelas do anoitecer colocavam lanternas mágicas de luz incomparável nas sombras.

OLVIDAR
Esquecer.

Nunca mais foi olvidada a Sua canção de bem-aventuranças em exaltação das almas sedentas de paz.

MAGNA
De grande importância e relevância.

Nas atividades magnas, não se permitiu obscurecer pela treva densa e declarou:

— *Eu sou a luz do mundo!*

OBSCURECER
Tornar(-se) menos claro, menos distinto; privar de luz; apagar(-se).

Continua até hoje como o norte espiritual da Humanidade em claridade sublime.

Ante o desespero dos famintos de alimentos, foi lúcido ao declarar:

— *Eu sou o pão da vida.*

Prossegue nutrindo os habitantes do planeta fartamente em todos os tempos.

Quando os tumultos desejaram confundir os Seus seguidores, falou, compassivo:

— *Eu sou o Caminho.*

Jamais alguém que O seguiu perdeu a trilha.

ERIÇAR
Ficar incomodado, irritado, provocativo.

À medida que os inimigos se eriçaram e partiram para os ataques ruidosos, Ele confirmou:

— *Eu sou a Verdade.*

No transcurso de vinte séculos, nada substituiu a Sua ética de amor e de paz.

Por fim, quando a falência de muitos aumentou as lutas que se estabeleceram cruéis, Ele proclamou:

— *Eu sou a Vida, e ninguém vai ao meu Pai senão por mim.*

Jesus é a rocha viva para nos apoiarmos sempre.

Nada O abala ou O afasta do foco que nos reserva, que é a plenitude.

❖

Neste Natal, no qual as dores se apresentam mais rudes e impactantes, lembra-te d'Ele e nada temas.

Tudo no mundo é transitório, e o Seu Amor está sempre contigo, e O ouvirás afirmar:

– *Tem bom ânimo! Eu sou Jesus!*

> **RESERVA-TE A BÊNÇÃO DO EQUILÍBRIO EM QUALQUER SITUAÇÃO EXISTENCIAL, SABENDO QUE TUDO SÃO EXPERIÊNCIAS NO SENTIDO DO CRESCIMENTO DA VIDA E SUPERAÇÃO DA IGNORÂNCIA.**

Capítulo 16

O triunfo real

No mundo físico, todas as coisas, assim como acontecimentos, procedem das exigências impostas pela matéria ou são adquiridas como necessidades que se tornam indispensáveis nas injunções carnais.

A ética estabelece os postulados indispensáveis a um resultado opimo, mediante o qual muitas criaturas se acreditam abençoadas ou desditosas.

As questões de relacionamento interpessoal lentamente se avultam e passam à primazia, enquanto o Espírito permanece numa situação secundária. Para conquistá-la, é indispensável o discernimento entre a essência e o instrumento.

Porque visível e rico de alternativas semelhantes, com o tempo surgem como fundamentais os impositivos externos.

À medida que se consegue a identificação entre o corpo e a alma, torna-se essencial que o sopro vital mereça cuidados especiais, tal qual o corpo impõe o oxigênio como fator básico para a vida.

Logo se adquire o saudável comportamento, surge a beleza interior, que é uma ferramenta essencial para a conquista do talento da harmonia.

Com esses dois dispositivos filosóficos, o ser empenha-se no esforço de abrilhantar a conduta mediante o propósito de autorrealização e, concomitantemente, o desenho da harmonia, que é a estética auxiliando-o a manter-se em contínua vigilância, a fim de que o exterior reflita com facilidade o interior.

Através dos milênios de evolução antropológica, armas especiais são utilizadas para que se transforme a pedra bruta, o metal liquefeito e o barro pegajoso em incomparáveis artefatos que falam das gloriosas conquistas morais da criatura e que se transformam em indispensáveis para o êxito.

Quando te detenhas na plenitude da conquista dos valores, não olhes apenas para o piso difícil ou lamentável, mas principalmente para selecionares os acidentes que podem empurrar na direção correta.

A ética é qual uma luz gloriosa brilhando na escuridão da ignorância.

Exige esforço e humildade, a fim de ser verdadeira, e não a *sombra* do orgulho mal oculto na astúcia ou nos labirintos do *ego*.

Essa conquista não para quando aparentemente lograda, porque sempre se pode aprimorar o comportamento social e moral, baseando-se nas próprias Leis da Natureza.

O ser humano tem-nas como exemplo de ordem e de grandeza transcendente, servindo-lhe de base para a sua própria maneira de encarar a existência e de estar em perfeita sintonia com ela.

Pensa-se, não poucas vezes, num sentido ético, quando sendo uma conduta aprendida mediante teorias repetidas como valiosas para uma boa aceitação na sociedade. Antes, trata-se de uma conquista moral pela seleção do que realmente é saudável e faz bem em relação a outras tantas que produzem prazer, mas desconectam o ser do sentido essencial do existir.

O primeiro direito que tem o ser é viver, e bem viver, não apenas viver bem, acumulando coisas e situações que são descritas como necessárias para a felicidade.

Vale a pena refletir-se acerca do ditado popular no qual *o indivíduo feliz não tinha uma camisa*, mas era sobretudo educado.

Eis a chave do princípio ético: educar-se a fim de enfrentar todas as ocorrências com o mesmo estado de ânimo e de prazer, naturalmente sutil entre o que é progresso ou é desastre.

Quando te vires através dos óculos da autocompaixão ou do vitimismo, liberta-te do pieguismo e amadurece os teus sentimentos, de modo que se transformem num poliedro de aperfeiçoamentos.

PIEGUISMO
Ser piegas, ter sentimentalismo extremo.

POLIEDRO
Que tem várias faces.

O bem sempre se adorna de paciência e amor, a fim de que tudo mude e possua a transparência de permitir que a luz atravesse os espaços e todo ele se transforme num sol de encantamento.

Não percas a oportunidade de igualar-te a quem te busque nos desvios do sofrimento, retirando as arestas e unindo-te mentalmente ao Amor universal, que paira em toda parte falando sobre a Glória de Deus.

Quando o Espírito desperta para a luz interior e segue--lhe a trajetória, é banhado pelas dúlcidas vibrações da paz.

Somente existe a paz real e o triunfo legítimo quando o ser essencial tem o mesmo conteúdo do vasilhame que o retém e o esparze.

LEGÍTIMO
Genuíno, verdadeiro.

ESPARZIR
Espalhar(-se); derramar(-se).

Um longo período de adaptação e aprimoramento é exigido para saber-se valorizar quais as qualidades legítimas.

O processo de evolução do ser está presente em tudo: da imperfeição à ordem e do belo ao necessitado de harmonia.

Essa prerrogativa faz que compreendas que a união do Espírito com a matéria tem um significado mais profundo, além do conceito convencional: é o exato mecanismo para alçar-se da lama grosseira ao sublime instrumento de elevação.

PRERROGATIVA
Vantagem, privilégio.

DESALINHO
(Fig.) Perturbação
de ordem mental ou
emocional.

Não te detenhas ante o equívoco e o desalinho, e ninguém te sirva de modelo e guia, porque essas esplendorosas qualidades estão apenas em Jesus.

Surgem pessoas portadoras de brilho exterior que despertam interesse e parecem realmente felizes e completas. Exibem alegria e são aparentes exemplos de contentamento e de superioridade ante as vicissitudes do caminho. No entanto, quando urge manter o equilíbrio, demonstrar o valor moral diante dos insucessos ou desagrados, desabam no trono da ilusão que erguem a fim de chamar a atenção.

URGIR
Ser urgente,
premente,
inadiável ou
indispensável.

Reserva-te a bênção do equilíbrio em qualquer situação existencial, sabendo que tudo são experiências no sentido do crescimento da vida e superação da ignorância.

Sendo aluno do Universo, sempre estás em aprendizagem, e é fascinante poder enfrentar desafios que robustecem a coragem e vitalizam os recursos colocados a serviço do crescimento para Deus.

Os Espíritos nobres, quando reencarnados ou não, fazem-se identificar pela grandeza dos sentimentos e do carinho para com a Humanidade em todos os seus aspectos, e, quanto menos parecem, mais são grandiosos onde se encontram.

São esses que demonstram a grandeza da vitória real, aquela que nunca muda de lugar nem de características.

❖

Quando pensares em triunfo, recorda-te do Homem de Nazaré, que, para demonstrar a glória da imortalidade, não temeu o julgamento arbitrário, a cruz de infâmia e a morte.

No terceiro dia de expectativas, acima das desconfianças e perseguições de todo lado, voltou em triunfo ao nosso convívio para ficar sempre conosco.

> SEJA UMA PESSOA
> RECEPTIVA, QUE DIALOGA
> SOBRE DIVERSOS TEMAS SEM
> PAIXÃO DE PREFERÊNCIA,
> QUAL DESEJASSE FAZER
> QUE O GLOBO TERRESTRE
> GIRASSE CONFORME SUA
> MANEIRA
> DE PENSAR.

Capítulo 17

Psicologia do envelhecimento

Tudo no Universo experimenta o fenômeno do envelhecimento.

Nessa operação fatalista, processam-se as ocorrências dos desgastes das ferramentas e elementos ou mesmo aprimoramento das suas qualidades.

Embora seja conhecido como decorrência natural do tempo, ainda constitui razão de temor e desgraça para incontáveis criaturas humanas. Compreensivelmente, traz corrosão, e a beleza original sucumbe aos impositivos das mudanças que se operam com o tempo. Porém, à medida que é utilizado, o mecanismo existencial perde a rigidez, ou a fragilidade, a harmonia de traços, ou a resistência, os valores que lhe constituem a forma.

O envelhecimento na História, especialmente na Sociologia, tem sido motivo de graves estudos e reflexões.

Marco Túlio Cícero, o eminente advogado e filósofo latino, inspirado por outros sublimes pensadores, como Aristóteles, Platão, Sócrates, escreveu delicada obra dedicada aos idosos e sua grandeza de pensamento, de valores que enobrecem e credores do maior carinho da juventude.

O envelhecimento é uma fatalidade, nada obstante, épocas houve em que os velhos eram detestados por serem considerados uma carga social muito pesada. Em alguns desses lugares, chegavam a ser assassinados e suas carnes devoradas, conforme algumas lendas. Em Esparta, por exemplo, constituíam um peso para a cidade em razão da sua aparente inutilidade nas guerras...

Ainda hoje, em algumas culturas, o idoso é tido como razão de prejuízo para a família ou para a sociedade, por ser considerado sem préstimo.

Não há muito, cogitou-se em alguns países a aplicação da eutanásia em pessoas de idade avançada, mesmo que saudáveis, por constituírem problema para os familiares ou grupos sociais.

A velhice é, no entanto, inevitável experiência da vida, portadora de altos valores, entre os quais a sabedoria, o conhecimento, a respeitabilidade pela existência dilatada.

Indispensável uma revisão dos períodos humanos.

Logo se alcança a idade adulta do amadurecimento das emoções, impõe-se o dever de pensar-se na velhice, no deperecimento das forças, da capacidade diminuída de captar bem as ocorrências, de fruí-las exercitando-se e considerando as possibilidades das enfermidades irreversíveis.

É compreensível que a psicologia do envelhecimento tenha início nos primeiros sinais de desgaste de natureza física ou emocional, nos relacionamentos, na auto-observação dos limites existenciais.

Os valores adquiridos durante a vilegiatura carnal, nas fases primeiras da vida, passarão a ser suporte de sustentação para evitar a destruição dos recursos orgânicos ou a sua degenerescência.

Trabalhar sempre pela preservação da saúde emocional e moral, renovando conceitos, adaptando-se a ideias e circunstâncias novas com a preocupação de zelar pela maquinaria orgânica é importante.

As atividades são os recursos terapêuticos para preservar a juventude, apesar do tempo, e a jovialidade em todas épocas e circunstâncias.

Cada janeiro retorna depois de vencer as outras estações de frio ou calor, após preparar-se para elas.

Durante alguns períodos são exigidos mais cuidados, a fim de resistir-se às intempéries e aos fatores ambientais, adaptando-se a cada um deles.

Envelhecer com aprimoramento interior é uma ciência e uma arte que deve ser cultivada nas diversas fases.

Certamente não serão evitados os fenômenos do tempo, todavia podem ser diminuídos os prejuízos decorrentes.

❖

A maturidade vivencial concede à existência recursos múltiplos que podem ser aplicados no período final do corpo.

Uma sociedade sem idosos seria como um belo corpo sem alma.

O verdor da mocidade concede ao viajante carnal ensejos de beleza, ao mesmo tempo que lhe ensina mecanismos de conservação e de ação corretas.

Ame, dessa forma, cada limite orgânico na sua caminhada, trabalhando mentalmente os valores que dignificam o Espírito, que é a causa essencial do seu existir na matéria.

Exercite-se no bem, nas injunções edificantes a fim de estimular os seus neurônios na produção de hormônios responsáveis pela paz, pela alegria e pela atividade constante.

Não se permita ociosidade dourada ou lamentadora, porque a vida estua, talvez com menos vitalidade, mas com muito mais sabedoria e proveito de cada momento.

Pense na morte não como uma interrupção da vida, mas sim uma etapa que se abre em direção para outras experiências.

Jamais se considere inútil ou pesado a alguém, mesmo nos momentos difíceis, porque sua mente é que administra a sua existência, e nada mais belo e agradável do que uma jornada rica de ações e de recordações agradáveis.

Evite queixar-se da velhice e desfrute-a sendo simpático ao invés de desagradável, recalcitrante e reclamador.

Agradeça a Deus o largo período que tem vivido, considerando que nem todos os seres humanos conseguem a mesma bênção que você vem desfrutando, porque cada momento bem fruído é uma dádiva que um número reduzido tem a felicidade de vivenciar.

O importante não é o tempo que se prolongou na Terra, mas sim a larga experiência exitosa, que deve ser bem aproveitada por todos que ao seu lado convivem.

Um dos fatores mais desgastantes na velhice é a solidão do idoso. As pessoas têm os seus interesses especiais e não estão preocupadas com os acontecimentos que dizem respeito aos outros.

Essa solidão é inevitável. Busque preenchê-la tornando-se presença valiosa onde se encontre, mantendo uma vida interior sempre enriquecida de significados comuns às demais pessoas.

Seja uma pessoa receptiva, que dialoga sobre diversos temas sem paixão de preferência, qual desejasse fazer que o globo terrestre girasse conforme sua maneira de pensar.

Torne-se desejável e evite cansar os demais com as narrativas do seu tempo e das suas experiências.

Enriqueça-se de alegria de viver.

❖

No pretérito, os velhos eram respeitáveis e tentavam ser exemplos de bem viver em todos os momentos.

As mudanças culturais não devem modificar para pior essa fase de loucura e de aberrações comportamentais; transformá-las, aproximando-as dos momentos de beleza e plenitude na Imortalidade, é o impositivo da hora.

> "
>
> SÊ GENTIL PARA COM ELES, OS FRÍVOLOS E DESOCUPADOS, APEGADO AO COMPROMISSO DA CARIDADE, E VOARÁS COM AS ASAS DO AMOR, PORQUE SEM ELAS NÃO TE SALVARÁS.
>
> JOANNA DE ANGELIS | DIVALDO FRANCO

Capítulo 18

Frívolos

Na atualidade rica de luzes da razão escasseiam as lâmpadas acesas do sentimento de amor.

Sucede que o progresso horizontal, estendendo-se sem cessar, é de fácil conquista, mas a evolução na vertical do Infinito é de acesso mais complexo, que exige reflexão e sacrifícios.

Eis por que se diz em linguagem vulgar: – *Quanto mais alto se localiza um conquistador, mais terrível ser-lhe-á a queda!*

Esforçar-se para igualar os valores do saber com o viver deve ser a harmoniosa luta íntima de todas as criaturas.

Desenvolver as adormecidas faculdades do sentir para possuir a sabedoria de caminhar com segurança é atitude de relevância.

Haverá dificuldades de vário porte, momentos de cansaço e de desinteresse ante os insucessos, mas a fatalidade do bem que vige no espírito humano, herança divina que é, consegue superar esses impedimentos, e a marcha é refeita vezes incontáveis.

Ademais, nunca faltam o Amor e o auxílio do nosso Pai, que nos impulsionam a vencer as sombras íntimas, herança funesta do progresso nas primeiras faixas da evolução.

Desse modo, nunca esmoreças diante dos desafios em forma de dificuldades que ajudam a realizar cometimentos mais significativos e relevantes... À medida que o indivíduo adquire discernimento, mais numerosos são os problemas a chamar-lhe a atenção. A sua capacidade faz-se mais lúcida e desafiadora, dando o valor que merecem os questionamentos, sem gerar desânimo ou impedimento na jornada.

As pessoas portadoras de responsabilidade compreendem que as questões que nos chegam fazem parte do processo de desenvolvimento da percepção e da realidade.

Somente os frívolos consideram problema os meandros por onde se deve transitar em qualquer empreendimento.

Disposto ao prosseguimento das conquistas mais exigentes, o indivíduo cresce e penetra nos meandros dos empecilhos, tornando-os partes constitutivas dos projetos que aguardam realização.

Pessoas inadvertidas, porém, sempre asseveram que os bons sofrem mais do que os maus. Trata-se de uma observação superficial, com natureza desculpista para justificar a inércia e a inépcia para a ação edificante.

Também se confunde muito o brilho aparente das coisas com a sua realidade; chamam a atenção, mas não são possuidoras das qualidades que se supõe terem.

O êxito nem sempre pode ser medido pela aparência, por aquilo que se anota como vitória, mas que envilece o coração.

Diz-se que o ser humano é feliz quando nada o retém, impedindo-lhe o avanço, o que não é uma realidade absoluta. O não ter pode constituir-se em ausência de estímulo para possuir valores abençoados e portadores da alegria como da paz.

Todas as conquistas íntimas e transformadoras se operam em silêncio, em estruturas de qualificação moral ou espiritual, por proporcionarem a alteração das paixões asselvajadas que teimam em se destacar nos processos iluminativos.

Essa situação, normalmente, é acompanhada de comportamentos vis.

FRÍVOLO
Que tem pouca importância; insignificante, irrelevante, superficial; leviano, fútil.

MEANDRO
(Por ext.) Conjunto de curvas num percurso qualquer; qualidade, estado ou condição do que é complicado; complicação, emaranhamento.

INÉPCIA
Inaptidão; incapacidade; falta de inteligência.

ENVILECER
Tornar(-se) vil; aviltar(-se), deslustrar(-se); tornar(-se) desvalorizado ou depreciado.

ASSELVAJADO
Com aparência e/ou modos selvagens; rude, abrutalhado.

VIL
Que tem pouco valor, indigno.

Parece haver uma conspiração constante contra o abençoado estado das coisas. Nas dificuldades de aceitar-se e adaptar-se, produzindo a reforma moral, a zombaria, o escárnio destacam-se em predomínio.

Através do ridículo que produzem, pensam esses que assim se comportam vencer as rígidas regras de conduta que produzem bem-estar pela sensação de felicidade...

Assim sendo, nunca revides aos enganadores que conseguem apresentar erros e equívocos nas questões que os libertam dos hábitos doentios.

Sempre foram perseguidos os idealistas, os conquistadores, aqueles que prepararam a sociedade para atingir o grau de cultura e civilidade.

É natural que haja a contrapartida, a reação dos opositores, que estão em toda parte sempre de plantão.

Desse modo, os heróis e mártires provaram o fel da ignorância, mas logo depois foram erguidos à glória que merecem e ora desfrutam as bênçãos da Divina Misericórdia.

Sempre se atribui que o silêncio é aparente anuência e submissão, bem como prejuízo e perda.

A fatalidade do progresso, no entanto, coroa-os de vitórias que travaram na Terra.

Alegra-te, portanto, quando caluniado, perseguido e tudo de mau disserem sobre ti.

Porfia e não te angusties.

Reserva tuas forças para o dever a que te encontras vinculado.

Os frívolos estão desocupados procurando vítimas para as suas façanhas infelizes.

Eles são levianos e mudam de conceito e de comportamento com muita facilidade.

VOLÚVEL
(Fig.) Cuja opinião varia facilmente ou a todo momento; inconstante; mudável, volátil, voltívolo.

APURAR
Tornar(-se) melhor; aperfeiçoar(-se), aprimorar(-se).

SISO
Bom discernimento; Ponderação ao tratar de assunto delicado.

ENFIBRATURA
Energia ou capacidade para tomar decisões difíceis ou posições firmes.

Porque o seu é um caráter volúvel, as suas são opiniões caprichosas e destituídas de conteúdos valiosos.

Aplaudidos, eles se destacam por pouco tempo, enquanto os seus difamados ascendem para Deus e para a vitória sobre si mesmos.

Não importa quando, mas eles despertarão para a realidade que negam e se apurarão nas chamas do arrependimento, nas provações redentoras.

A falta de siso, de amadurecimento, a ausência de enfibratura moral permitem que o indivíduo se tipifique pela fraqueza de caráter, portanto, irresponsabilidade e cultivo de ociosidade.

Há muitos indivíduos frívolos e bem-apresentados na sociedade, porque estão a serviço da anarquia e da desconstrução dos valores éticos.

A mentira, o disfarce, porém, jamais triunfam por largo tempo. Trata-se de uma questão de oportunidade.

Quando o rei Luís XVI e a família real, durante a Revolução Francesa, já se encontravam a um passo de vitória na fuga empreendida, na fronteira com a Áustria, Sua Majestade foi identificado por um desocupado que o denunciou à polícia e foram presos todos os membros da comitiva, ele, inclusive, a rainha e filhos, na carruagem dourada, especialmente preparada para aquele cometimento.

Sê gentil para com eles, os frívolos e desocupados, apegado ao compromisso da caridade, e voarás com as asas do amor, porque sem elas não te salvarás.

Capítulo 19

Nunca desistir

Por que razão sofrer indevidamente, sem esperança de alterar o quadro para melhor?

Por que essa fatalidade de tudo que planejo resultar em insucesso?

Qual a razão dos desaires e dos tormentos que nos devoram por dentro, sem perspectiva de uma mudança para melhor?

São muitos aqueles indivíduos cujas existências são uma bênção longa em sucessivas manifestações. Por que comigo é exatamente o oposto?

Qual o significado de tantos desacertos existenciais?

São inúmeras interrogações pessimistas a afligir as pessoas que se encontram distantes da fé religiosa ou a possuem sem estrutura de reflexão e de planificação divina.

A jornada terrestre é um curso de aprendizagem e de aprimoramento na escola humana.

O Espírito possui em germe as excelentes qualidades da perfeição, que se irão manifestando no processo da conquista dos sentimentos e do conhecimento intelectual.

Normalmente, o mecanismo para a depuração exige aflição e dores compreensíveis de breve duração, enquanto permanece o esforço transformador.

DESAIRE
Acontecimento desastroso ou funesto; desar, desgraça, revés.

Quando há no indivíduo a predominância das energias materiais e dos impulsos primários, esse inevitável trabalho de evolução é sacrificial e a ausência das forças morais empurra-o para a desistência.

Não se pode nem se deve desistir de si mesmo, nem do amor nas suas variadas expressões.

Toda e qualquer tentativa sempre redunda em prejuízo de tempo e harmonia pessoal, quando não cuidadosamente elaborada.

Muito fácil desistir-se de atuar na edificação dos valores éticos e espirituais, detendo-se no sofrimento que se pretende evitar.

Os desafios têm o objetivo de promover o ser humano.

É através dos objetivos pessoais firmes em direção do futuro que se consegue alcançar as planuras da paz.

Quem hoje desfruta de facilidades iluminativas adquiriu-as nas experiências passadas. Aplicando-as em favor do autocrescimento e da promoção planetária, atinge as metas a que se propõe.

DERREAR
Provocar desânimo ou esmorecimento; abater(-se).

Aqueles que defrontam obstáculos e derreiam com facilidade sentem-se propelidos à desistência da mensagem educadora.

Indispensável repensar-se na finalidade ideal da reencarnação e aproveitar a divina concessão do benquerer.

BENQUERER
Inclinação afetuosa; benevolência.

Cada atraso, postergando o dever que se apresenta, contribui para ampliar a carga de aflições que serão vivenciadas porque fazem parte das Soberanas Leis.

O equívoco que induz à desistência é um estado de presunção e de soberba, graças ao qual o indivíduo despreza os dons da Natureza, negando-se o direito de aprendizagem feliz.

Aquilo que resulta hoje favorável pode depois apresentar facetas de problemas que não foram percebidos no momento do enganoso triunfo através de resultados perturbadores.

O êxito a que todos aspiram é um acontecimento fortuito que coroa um empreendimento numa ocasião e dá resultados adversos em outra circunstância.

Se um planejamento não logrou os resultados esperados, repete-o de diferente maneira.

Verifica onde se encontra o ponto vulnerável ao resultado negativo e realiza-o com outros cuidados. Possivelmente agora as circunstâncias são favoráveis à tua disposição, que é de maior firmeza.

ASPIRAR
Desejar ardentemente; almejar, pretender, querer.

FORTUITO
Que acontece por acaso; não planejado; eventual, imprevisto, inopinado.

ADVERSO
Contrário, desfavorável, impróprio.

Nunca desistas das experiências do bem, mesmo que a custo de labores sacrificiais. Nada que foi conquistado se perde, servindo de base para sustentar novas conquistas.

Sempre que te ocorra o desânimo, reage com a esperança e a alegria do triunfo porvindouro.

Pequenas e repetidas doses de amargura injustificada empurram para a negação da vida, o suicídio.

O autocídio pode manifestar-se através de um surto ou vagarosamente, quando se vai cedendo ao pessimismo, à falta de trabalho.

Desse modo, busca a terapia de ajudar aos outros e serás beneficiado, portanto, quando compartas, repartas, ofereças ao teu próximo.

O triunfo não é conseguido através de uma ocorrência da sorte, do destino, mas de operações muito bem elaboradas desde o Mais-além, antes da investidura carnal.

Vê o Sol dourar a Terra após as mais terríveis tempestades e destruições. Graças, porém, à vida que existe, foi criada e se mantém.

Torna-te pequena estrela onde estejas: clareia, ajuda, transmite vida.

PORVINDOURO
Que está por vir; futuro, vindouro.

AUTOCÍDIO
O mesmo que suicídio.

Vives hoje e sempre viverás crescendo mediante o próprio esforço e sob a soberana luz do Sol de Primeira Grandeza, que é Jesus.

Ninguém te permita consumir pela ociosidade, pelo não feito, ou cansaço do bem.

Quem se faculta desistir de algo que parece fácil de executar-se está fadado a outros prejuízos mais graves.

O indivíduo que se acostumou ao jogo fácil do agir e não agir enfraquece-se cada vez mais, até momento grave e terrível da vida física, quando comete o mais hediondo crime, que é o suicídio.

Aprende a enfrentar as dificuldades e transforma-as em degraus de evolução.

Observa as aves frágeis nas construções dos ninhos, utilizando um material muitas vezes sem resistência, e sobrevivem a tempestades e situações penosas. Quando são despedaçados, ressurgem noutro lugar sob cuidados que faltaram ao que foi desfeito.

Deus dotou o Espírito com a inteligência para que ela seja cocriadora da vida no Universo.

Não desistas de lutar pelo bem-estar e pela arte sublime de viver.

Quem tropeça é porque está de pé e andando.

Sai de um desastre e avança com beleza e otimismo para a glória do aperfeiçoamento.

Não te permitas esmorecer ou acumular o desânimo, quando as tuas realizações derem resultados negativos.

A Natureza nunca deixa de nos ensinar. Toda vez que é vencida por um algum fenômeno infausto, refaz-se lentamente e estua em glória na face da Terra.

INFAUSTO
Marcado pela infelicidade; calamitoso, desventurado, desditoso, infeliz.

> **"** À MEDIDA QUE LOGRES DILUIR OS IMPULSOS DA IRA, GOZARÁS DE SAÚDE SOB TODOS OS ASPECTOS E AVANÇARÁS NA CONQUISTA DE VALORES INESTIMÁVEIS DO ESPÍRITO.

Capítulo 20

A ira

Evita a qualquer preço a vitória da ira sobre tua serenidade. A ira é *filha* espúria do orgulho, que se sente ferido toda vez que as circunstâncias se apresentam em desacordo com qualquer ocorrência.

Desde o mitológico fratricídio de Caim contra Abel, vitimado pela chama da ira, considerando a injustiça de Deus para com ele, ela permanece como labareda a arder indefinidamente na sociedade.

Sorrateira e disfarçada, encontra-se no imo da criatura humana, aguardando a faísca que a combure, e suas consequências são imprevisíveis.

Podemos identificá-la em muitas situações comportamentais, abrindo a porta para os desastres morais que assolam a Humanidade.

É uma reação emocional inesperada, imprevisível e cruel.

Os dicionaristas afirmam que é uma reação natural ante uma injustiça. No entanto, depende muito de como se considere o que é tido como injustiça, em razão dos interesses em jogo.

Muitos incidentes se acumulam no imo dos seres humanos, até que de repente alguma insignificância explode em atitude agressiva sempre infeliz.

FRATRICÍDIO
Crime de quem mata irmã ou irmão.

IMO
(Metáf.) Muito íntimo, muito profundo; interno.

COMBURIR
Pôr ou pegar fogo; reduzir(-se) a cinzas.

ASSOLAR
(Fig.) Pôr em grande aflição; consternar, agoniar.

Não sendo reprimida desde as suas primeiras manifestações, quando nos diálogos acalorados, transforma-os em altercações e, de imediato, explode com uma força incontrolada, tornando-se responsável por ações incompatíveis com a dignidade humana.

Não a justifiques quando fores vítima da sua ação nefasta. Nada há que sirva de desculpa pela ocorrência doentia dessa serpente venenosa e implacável.

Utiliza-te da disciplina moral para contê-la e depois diluí-la.

Males sem conto resultam dessa Hidra de Lerna que sempre se renova e termina por envenenar o seu portador.

A face da pessoa instável portadora de ira com facilidade se deteriora e lentamente exterioriza os tóxicos que a vitalizam.

Sê severo em tuas autoanálises em relação a esse mórbido sentimento que te assalta.

As pessoas denominadas de *maus bofes*, como são identificados os irados, são insatisfeitas, desconfiadas e autodesamadas.

Mediante os seus conflitos emocionais, não conseguindo dominar-se, precisam ser temidas porque não conseguem ser amadas.

Seja qual for a situação em que te encontres, respeita o outro, não vivendo armado contra todos.

Desconheces os padecimentos daquele que vês de momento como teu inimigo em razão de alguma atitude que te atinja desagradavelmente. É provável que não houve intenção, e, se o fez com objetivo perverso, não desças ao seu patamar de primitivismo espiritual.

É muito mais fácil encontrar-se pessoas em estado de desespero, dominadas pelos instintos primários, do que cidadãos educados formando grupos sociais edificantes.

A ira é mais comum no indivíduo que não teve oportunidade de dominar as ambições enfermiças do seu processo de crescimento moral.

Constitui um desafio porque não faltam situações que lhe estimulem o surgimento ou a mantenham em atividade frequente.

❖

A ira manifesta-se de mil formas, inclusive contra aquele que a padece.

PADECER
Ter, sofrer.

Pessoas, às vezes, tentando realizar tarefas dignificantes, porque os resultados não são os aguardados naquele momento, golpeiam paredes e tudo que encontram pela frente, autoagridem-se, ferem-se, arrebentam objetos e instrumentos que estavam utilizando...

Rompem papéis de anotações, queimam ou rasgam livros e cadernos, blasfemam numa fúria incontrolável...

BLASFEMAR
Proferir blasfêmias; rogar praga; amaldiçoar, praguejar.

Essa rebeldia do orgulho desgasta o sistema nervoso, produz irregularidades cardíacas e atrai Espíritos infelizes que se comprazem em atormentá-las.

No capítulo das obsessões, a ira desempenha um papel fundamental, em razão da velocidade com que irrompe, sem dar lugar à reflexão, à paciência, à razão. É semelhante a um relâmpago.

Simples, a princípio, essa inarmonia emocional tende a complicar-se, esmagando os sentimentos saudáveis, e conduz as suas vítimas a situações deploráveis.

INARMONIA
Falta de harmonia; desarmonia.

À medida que logres diluir os impulsos da ira, gozarás de saúde sob todos os aspectos e avançarás na conquista de valores inestimáveis do Espírito.

Jamais te arrependerás por haver dominado o impulso da ira quando sejas visitado pela sua impetuosidade. Constatarás que, contornando o gatilho do desespero, recuperas a serenidade e consegues conquistar e vencer o desafio ou quem o gerou, dificultando-te o comportamento.

IMPETUOSIDADE
Ação que resulta de força; potência, poderio.

Muitas amizades bem construídas surgiram em momentos difíceis do relacionamento, após superado o problema inicial.

Pelo contrário, toda vez que houve aceitação do impulso perverso foram geradas situações que se arrastam desnecessariamente por muito tempo e algumas vezes são transferidas para futura existência.

A disciplina da ira pode começar com o treinamento do silêncio ante ofensas, exercício da compaixão em relação ao próximo e a si mesmo na prática do bem e da caridade.

Por fim, compreende que a vida sempre responde conforme programada e que podes torná-la um rosário de bênçãos ou um calvário interminável.

O que não conseguires de imediato, aguarda, treina e, quando te afligires, não retribuas com aguilhão semelhante.

AGUILHÃO
(Por ext.) Ponta perfurante, espinho ou acúleo.

FÚLGIDO
Que fulge; fulgente, brilhante, resplandecente, luzente.

Nas fúlgidas páginas do Evangelho, a figura de Joana de Cusa ressalta quando, no poste do sacrifício para ser queimada viva, o algoz, após a afligir ao máximo, inclusive ameaçando incendiar-lhe o filho, igualmente preso a um outro poste, pergunta, irado:

– *O teu carpinteiro somente te ensinou a morrer sem reclamar?*

E ela respondeu, serena:

– *Não somente a isto, mas também a vos amar e a vos perdoar...*

Quando começares a vencer a ira, verás que a existência se te tornará leve fardo com suaves testemunhos.

Irar-se, nunca!

> **O CONHECIMENTO DA REALIDADE DO SER ESPIRITUAL É DE RELEVANTE SIGNIFICADO, PORQUE EVITA O PADECIMENTO EM TORNO DA IGNORÂNCIA DAS DIVINAS LEIS.**
>
> JOANNA DE ÂNGELIS | DIVALDO FRANCO

Capítulo 21

Atenção!

Falas sobre os teus sofrimentos com exaltação em alguns períodos existenciais ou silencias com sentimentos magoados, qual se fosses a exceção no mundo de prazeres no qual todos se banqueteiam.

Arrolas desafios que te surpreendem, qual se fosses um condenado numa população festiva.

Demonstras, nestes dias, a face dominada por desencantos ou amargas experiências, em considerando as ocorrências sempre infelizes, e locupletas-te com o pessimismo e as questões negativas que se multiplicam a cada passo...

Atenta para a tua conduta mental e social, não te permitindo avançar descuidadamente, sem um programa sensato e ordeiro a atender.

Examina quantas bênçãos desfrutas graças à Misericórdia Divina, desde o ar que respiras até a estrutura no grupamento da sociedade que te permite prosseguir na existência sob as dádivas da Natureza.

Se cuidares de examinar as ocorrências positivas que te sucedem a cada dia, verificarás que são mais numerosas do que aquelas perturbadoras que se te fixam na memória.

Sem dúvida, estes são dias especiais, algo diferentes de outros que viveste e que viverás.

Trata-se de um período de revolução espiritual que toma conta do planeta, mesmo que sob a distração dos seus habitantes, alguns dos quais se encontram aprisionados nas paixões asselvajadas da evolução e perturbam-se, atropelando os acontecimentos que exigem reflexão, enquanto somente pensam em desfrutar das circunstâncias materiais. O prazer, mesmo que alucinante e destrutivo, é a meta próxima desses **desassisados** que formam a grande massa humana.

DESASSISADO
Que ou aquele que não tem siso (juízo); desatinado, desvairado.

Os ideais de enobrecimento são vistos como atraso emocional e presídio cultural, preferindo o comportamento animalesco, portador da extinção da energia vital.

Parecem sonâmbulos, transitam embriagados pelo ócio, desfigurados e quais espectros lecionam alegria e gozo.

CONSUMPÇÃO
Ato ou efeito de gastar até a destruição; consumição.

Manipulados por outros piores e mais perversos, que programam a **consumpção** dos seres, acreditando-se com o poder divino de diminuir a população, tentam exterminar os mais jovens e inexperientes com os recursos químicos que alucinam a mente e destroem o corpo fragilizado.

Vale a pena, entretanto, considerar que são experiências para todas as criaturas, cada uma própria para o seu desenvolvimento espiritual, no **caleidoscópio** do tempo e do espaço no processo da evolução.

CALEIDOSCÓPIO
Sucessão vertiginosa, cambiante, de ações, sensações etc.

Raramente agradeces os bons momentos da jornada, enquanto sempre maldizes aqueles de aprendizagem e conquistas pelos processos desagradáveis do sofrimento.

VIANDANTE
Que ou o que viaja; viajante, viageiro, peregrino.

Nenhuma estrada é tão perfeita que não exija cuidados por parte do **viandante**. São essas curvas, ascensões e descidas, impostas pela Natureza, que facultam alcançar-se as metas que cada qual aguarda.

Se somente facilidades fossem encontradas no roteiro terrestre, a reencarnação seria destituída de finalidade.

Metodologia de crescimento espiritual, as circunstâncias afligentes são proporcionadoras de lições formosas de paz e de progresso.

Nada existe no mundo que não seja fruto do esforço, da tenacidade, da dor.

TENACIDADE
Grande persistência; perseverança, afinco.

Medita na vida das aves e de outros seres que se desenvolvem no ovo, transforma-se e rompe os impedimentos para alcançar a sua fatalidade.

Acompanha a transformação do verme imundo em delicada borboleta, assim como a luta para libertar-se do casulo que ora tenta reter-lhe o voo.

Toda ascensão é algo perverso.

Renasceste para a glória da imortalidade presente em tudo.

Jamais consideres absurdo o fardo das tuas provações.

Por mais experiências que tenhas, ignoras o que se passa com o teu próximo.

Ninguém existe na Terra sem que conduza as feridas ocultas na alma.

Nem todos os risos representam alegria e felicidade.

Há técnica para sorrir na dor, em espetáculos fascinantes, por almas atormentadas em contínuas aflições que tentam esconder.

Cada existência é especial. Em consequência, não cultives a ideia de que és melhor do que o outro, nem a queixa de que não és amado por Deus, desde que não te concede tudo quanto gostarias de possuir...

Mantém a atenção e verás que muitas pessoas gostariam talvez de serem como tu, de possuírem o que te sobra, de desfrutar das concessões que te chegam. Iguais a ti, que a tudo desejas, embora não te faça falta; então evita a frustração e o mal-estar.

Assim, muda de paisagem mental e de foco existencial. Indispensável renovar-se com frequência, colocando *sal* nos teus gostos e ideais, e, ao repetir experiências que foram antes malsucedidas, manter-se com otimismo, aproveitando o benefício que deves fruir com a tentativa anterior.

Põe valor em tudo quanto dispões e mantém a aspiração de crescer para Deus, sendo coadjuvante d'Ele em relação à vida terrestre.

És feliz, pois que já tens informações básicas sobre o destino, os atos e a vida após a morte.

O conhecimento da realidade do ser espiritual é de relevante significado, porque evita o padecimento em torno da ignorância das Divinas Leis.

Com essa convicção, viverás mais saudavelmente e aguardarás o futuro com alegria, porque a nada temerás.

EXULTAR
Experimentar e exprimir grande alegria, grande júbilo.

Exulta e torna-te divulgador da alegria de viver e de fruir as bênçãos que disso decorrem.

Compadece-te e sê irmão dos que sofrem, cantam e vivem o amor, desfrutando a graça da saúde mental, da emoção equilibrada e do corpo sem problemas. No entanto, se fores diferente, assinalado pelos sofrimentos e desarmonias, agradece a Deus a dádiva da reencarnação, espera e confia.

O tempo, de que não fugirás, ensinar-te-á a glória da alegria plena.

Atenta, portanto, para as ocorrências da tua atual existência planetária.

...Depois sorrirás!

❖

Sempre estarei contigo e jamais te deixarei a sós.
Porfia no bem e aguarda a bênção da oportunidade.
Eu venci o mundo.
Tudo passa! – Jesus.
Atenção!

PORFIAR
Manter-se firme, obstinar-se, insistir.

“ A EXISTÊNCIA FÍSICA
SOMENTE TEM SENTIDO
QUANDO TEM COMO ALVO
CONSTRUIR HARMONIA
PARA TODOS.
O TEU PRÓXIMO É TU
EM OUTRA DIMENSÃO
EMOCIONAL OU CIRCUNSTANCIAL.

Capítulo 22

Sê leal

A todos os estudiosos das anotações escriturísticas evangélicas surpreende a ação da caridade ser realizada a favor de um judeu tradicional por um samaritano desconhecido na parábola narrada por Jesus.

SAMARITANO
Que ou o que é da Samaria, cidade e região da Palestina, capital do antigo reino de Israel.

Inimigos teológicos e políticos desde há muito, detestavam-se e já não se davam conta dos motivos pelos quais os filhos da Samaria, a antiga Sebaste, chegaram ao cúmulo de ser perseguidos.

Eram considerados impuros por razão de origem bélica no passado, quando da invasão da Palestina pelos assírios, que nas suas terras assentaram os seus exércitos, escravizando parte do seu povo, matando idosos e crianças, poluindo a honra das mulheres...

BÉLICO
Concernente à guerra ou ao belicismo; belicoso.

Jesus, cuja tarefa sempre foi de união, respondeu ao fariseu hipócrita usando a figura de um samaritano exatamente para chocá-lo ao explicar-lhe quem era o seu próximo, tornando a narrativa portadora de uma beleza ética e humana incomparável.

FARISEU
Relativo a ou membro de grupo religioso judaico, surgido no século II a.C., que vivia na estrita observância das escrituras religiosas e da tradição oral; o grupo foi acusado de formalista e hipócrita pelos Evangelhos.

É muito fácil amar aqueles que se correspondem, que se encontram aplaudidos e invejados, que se comprazem em receber homenagens e bajulação. No entanto, quando a dor se instala noutrem ou este pertence à classe dos excluídos, há uma reação automática em contrário, uma repelência que os afastam uns dos outros. Náusea, escárnio, rejeição ocorrem como fenômeno de precaução.

É um desafio amar o próximo na sua dor, no seu infortúnio.

Busca-se, não raro, aumentar a antipatia que sentem pelo outro, atirando-lhes petardos mentais de raiva, usam a censura para justificar a sua animosidade, detestam e ficam a distância, procurando meios de denunciá-los, de criar-lhes embaraços.

Aquele samaritano que socorreu o judeu assaltado na estrada que descia de Jerusalém a Jericó conhecia a Torá e a respeitava como aos outros textos, no seu santuário no Monte Gerizim, desde que lhes era proibido visitar o Templo em Jerusalém.

No livro respeitável havia a recomendação cuidadosa que dizia respeito ao auxílio ao próximo, àquele que fosse infeliz, que experimentasse privações, assim socorrendo os necessitados.

Não havia exclusivismo, mas generalidade, porque todos eram considerados filhos de Deus.

Ao ter oportunidade de fazê-lo, não lhe ocorreu se o caído e roubado era judeu ou da sua raça, porém alguém necessitado e ao abandono em terra estranha, e que poderia morrer na situação em que se encontrava.

Não teve dúvida: ao vê-lo tombado e sangrando, correu em seu auxílio.

Era leal à sua crença, agia fiel ao seu comportamento.

Fez-se-lhe o seu próximo, ajudou-o!

❖

Nunca titubeies ante a emergência de ajudar. Não discutas o socorro a oferecer, porquanto o elaborar de planos para ajudar ou não faz que a caridade esmaeça e perca a ocasião.

Sê leal à verdade em todas as circunstâncias, estando sempre atento ao dever de ajudar o teu próximo.

A questão da lealdade está diretamente ligada ao caráter de cada indivíduo, no que concerne à observância dos valores éticos. Não se trata de estar apenas ao lado nos momentos difíceis, mas de permanecer ideologicamente e pelo comportamento como um porto de segurança que as circunstâncias aziagas não conseguem vencer.

Quando perceberes que o teu próximo é alguém necessitado como tu; quando te dês conta de que a paz de outrem é luz no teu caminho; quando entendas que não és tão autossuficiente quanto pensas, substituirás o pronome *eu* pelo *nós* e estenderás o teu ser na direção mesma daquele que resiste ao teu auxílio.

A existência física somente tem sentido quando tem como alvo construir harmonia para todos. O teu próximo é tu em outra dimensão emocional ou circunstancial.

No tumulto, porém, que assola as multidões, a lealdade entra mutilada, presa a interesses de poder e de ter.

Há uma lealdade sutil que praticamente não se percebe, exceto nos apaixonados e fanáticos religiosos. É, porém, patológica, não servindo para união social, porquanto desgasta os relacionamentos.

Dizes que essa atitude agride a tua crença religiosa, no entanto deves cultivar uma coerência entre aquilo em que acreditas e a maneira como te comportas.

Nenhum divórcio deve existir entre a crença e a ação.

A Doutrina de Jesus trabalha em favor da lealdade à fé, em forma de comportamento moral em relação ao em que se crê e como se age. É destituída de sentimentos de posse, de domínio sobre o outro, sem os desvios do ciúme cuja morbidez atinge estados de alucinação.

É suave e terna, envolvente e comunicativa, enriquecendo o ser ou ideal que se ama em doce harmonia, que dispensa expressões bajulatórias e sabe traduzir apoio ou reprimenda que corrige. Não é conivente com o erro, nem se permite a perda da confiança mesmo nos momentos mais difíceis.

Trata-se da lealdade que silencia quando deve e emite opiniões de ajuda quando convidada a expressar-se.

A árvore produz conforme sua natureza, sua constituição, portanto, é conhecida pelos seus frutos.

Assim deve ser a existência do espírita-cristão, leal à sua doutrina filosófica, que se encontra ínsita na Codificação Kardequiana.

Fixando no imo os postulados do Cristo na tua crença imortalista, triunfarás leal à verdade e a ti mesmo.

ÍNSITO
Que existe como uma característica essencial de algo ou alguém; congênito; inerente.

Como pôde Jerusalém transformar-se no inferno de crueldade, de ódio e de aberrações, após o domingo quando recebeu Jesus com ramos e cantos, ao entrar pelas suas portas com os Seus?

Como foi possível ninguém se erguer a Seu favor, considerando-se o número imenso de beneficiários dos Seus atos públicos?

Ele jamais ocultou a Sua missão e declarou-a inúmeras vezes diante de todos que se Lhe acercaram.

Como foi possível admitir-se a eleição de Barrabás, o bandido assassino, em Seu lugar, exigindo-Lhe a crucificação?

Naquela noite terrível, entre expectativas e sofrimentos inenarráveis, à luz dos archotes e atropelo de soldados inclementes, quando Ele perguntou, embora já o soubesse:

ARCHOTE
Corda de esparto, untada de breu, que se acende para iluminar um lugar ou caminho; tocha, facho.

– *A quem procurais?*

– *A Jesus de Nazaré* – responderam furiosos.

Sem qualquer retoque ou disfarce, todos ouviram a resposta clara e firme:

– *Sou eu!*

> " A ORAÇÃO É PODEROSO
> COMBUSTÍVEL PARA
> A MANUTENÇÃO
> E SEGURANÇA DA
> FÉ RACIOCINADA,
> PORQUANTO FACULTA A
> AQUISIÇÃO DE ENERGIA
> QUE FLUI DA DIVINDADE
> E REABASTECE OS
> SENTIMENTOS.

JOANNA DE ÂNGELIS | DIVALDO FRANCO

Capítulo 23

Crê, sou eu!

Os alicerces da fé estão fixados na razão, mas são sustentados pela emoção.

O conhecimento esclarece e facilita o entendimento lógico, no entanto, a fé nele aureola-o de harmonia propiciadora de paz.

A busca e conquista da fé segura, que não se perturba com a dúvida, exige um programa bem estruturado, que deve ser mantido com cuidado e sem permitir equívocos.

A fé natural é uma disposição normal para aceitar-se o fato sem exame detalhado, sem dúvidas frequentes. No entanto, a fé racional é uma disposição elaborada mediante os fatos que lhe facultam a existência.

Estabelecida a fé raciocinada, aquela que resiste às teorias que se opõem, necessita de frequentes cuidados, a fim de permanecer irretocável, e de reflexões constantes em torno do seu conteúdo com análise sempre atual de experiências que apresentam outras interpretações.

O avanço da Ciência em várias áreas oferece com frequência explicações lógicas e demonstrações que colidem com as crenças que normatizam os comportamentos humanos.

ALICERCE
(Fig.) Aquilo que serve de base, fundamento ou sustentáculo a qualquer coisa; fulcro.

IRRETOCÁVEL
Que não exige retoque; acabado, perfeito.

Devem ser debatidas fraternalmente, de modo que possam confirmar os credos existentes ou abram novas perspectivas para a aceitação.

Existem centenas de crenças religiosas que se impõem à sociedade com terríveis castrações morais e emocionais, como fundamentais para a sua vivência. Tais crenças são vítimas do medo, aceitas sob injunções dolorosas, porque ameaçadoras. Os seus crentes deixam-se levar por uma fé temerosa, destituída de resistências morais e de valores espirituais, que lhes não permite discrepar dos mais fortes absurdos. Trata-se da tradicional *fé cega*, que parte da sociedade ainda aceita, violentando a razão e a presença dos fatos que revelam diferentes significados.

Mesmo na área acadêmica, periodicamente conceitos e diretrizes que bem definiam fatos são abandonados ante novos resultados das experiências e descobertas valiosas de desconhecidos mecanismos que os explicam.

A oração é poderoso combustível para a manutenção e segurança da fé raciocinada, porquanto faculta a aquisição de energia que flui da Divindade e reabastece os sentimentos.

Diante dos magníficos fenômenos da mediunidade, a sua análise propicia detalhes e facetas não percebidas à primeira vista, que reafirmam a crença ou abrem novos caminhos para a compreensão da existência física e da vida nas suas exuberantes manifestações.

A fé religiosa sempre está sujeita a revitalizações, confirmações, programas renovadores para as conquistas das doutrinas parafísicas e mais cuidadosa identificação do cérebro e das suas complexas finalidades.

A cada dia as Neurociências demonstram os extraordinários poderes do encéfalo e, pasmem, confirmam as explicações dos imortais.

DISCREPAR
Discordar de, estar em divergência com; discordar; dissentir; divergir.

ENCÉFALO
Conjunto do tronco cerebral, cerebelo e cérebro, parte superior do sistema nervoso central que controla o organismo.

Culmina-se, o estudo dessa ciência nova, com as possibilidades dos neurônios em suas comunicações químicas e biológicas.

Mais se enriquece e adquire força a fé confirmada pelos fatos.

Por essa razão, o codificador Allan Kardec afirmou: "Fé legítima somente o é a que pode enfrentar a razão (os fatos) face a face em todas as épocas da Humanidade".

A realidade muda de denominação através dos tempos, mas sempre definindo o que é legítimo.

Crê em Deus sem rebuços ou quaisquer dúvidas.

Mais de uma vez, Jesus foi enfático em relação às dúvidas habituais:

– *Crê, sou eu!*

Esperava-se o Messias, desejava-se que viesse, e duvidavam quando Ele se revelou.

Mal hábito esse de acreditar através de outrem e não realizar a sua própria conquista, analisando aquilo em que se informa crer.

Sem alicerce moral, a construção em bases inseguras facilmente se desconstrói, desmorona.

Aprende a examinar as tuas convicções religiosas, a fim de que as tuas ações sejam firmes e bem definidas.

A fé real não está sujeita às variações de tempo, lugar e modismos.

Encontra-se estruturada na rocha das convicções. Não se amolenta, não se entibia quando em confronto com as questões sofistas ou não dos períodos culturais da sociedade.

Enfrenta-os com naturalidade e, se necessário, adapta as novas informações ou adere a suas propostas somando valores.

REBUÇO
(Fig.) Qualquer coisa usada para disfarçar (-se); dissimulação, disfarce.

AMOLENTAR
Tornar(-se) um tanto mole; amolecer.

ENTIBIAR
Ficar sem força, entusiasmo.

SOFISTA
Relativo a sofisma; argumento ou raciocínio aparentemente lógico, mas na verdade falso e enganoso.

Não se faz necessário negar-se, mas comparar as novas informações com as bases em que se firma.

Num momento de desafios e lutas no processo da evolução, o indivíduo tem o dever de ser firme em suas decisões, aplicando a energia de suas convicções, que são a base do seu existir.

Ruge a tempestade, e a fé permanece na certeza da harmonia que virá, embora tudo demonstre o contrário.

Dramas e atentados desestruturam os teus planos? Levanta os *joelhos desconjuntados* e avança.

DESCONJUNTADO Desarticulado, deslocado.

A fé não é conquista somente para as horas gratas e felizes, mas para os momentos de dificuldades e crescimento.

Um indivíduo portador de fé no futuro constrói o amanhã feliz, enquanto o dúbio desfaz as alegrias do presente.

DÚBIO (Por ext.) Que vacila; hesitante, incerto.

O ato de crer é uma forma de conviver.

Ninguém pode viver de maneira produtiva se não possui uma fé na grandeza da vida, nas manifestações da Natureza, na grandeza do Universo e não se deslumbra com a vida, em si mesma, genial pelas manifestações de que se reveste.

Viver inconsciente da realidade é uma forma inconsistente da fé.

Viver, portanto, é uma experiência de fé.

❖

Quem O visse vencido na cruz, dilacerado e sem forças, não acreditaria que aquele holocausto fora necessário para que ressuscitasse depois, aureolado de beleza e de paz.

Capítulo 24

O porvir

Na apoteótica mensagem de Jesus aos deambulantes carnais, Ele teve a preocupação de falar-lhes sobre o porvir que a todos espera.

Toda a Sua Doutrina é trabalhada nas perspectivas da imortalidade e nos incontáveis recursos do porvir inevitável.

Ensinou que a temporalidade do corpo é de breve duração, por mais larga se expresse a caminhada orgânica e favoráveis sejam os fatores de prolongamento existencial.

Todos e tudo marcham para o fatalismo do porvir, porque a infinitude do Universo nos demonstra que não há alternativa.

À medida que a Sua palavra se popularizou, aqueles que a ouviram e se incumbiram de divulgá-la adaptaram-na aos interesses mundanos que sempre antecedem a renúncia e a solidariedade.

Ignorando ou iludindo-se com as atividades carnais, procura-se concluir que o pensamento do Mestre, feito de misericórdia e de compaixão, tem a finalidade de tornar aprazível e colorida a roupagem física, contrapondo-se à Lei do Progresso, que estabelece todos os períodos existenciais.

Infância, juventude, maturidade e velhice fazem a caminhada de todos, sem qualquer exceção.

Nada obstante, o véu do esquecimento material – bênção para a evolução do Espírito – faculta que se cultivem somente os fatos que dizem respeito ao corpo. O mesmo sucede quando se adere às suas magníficas orientações: esses mesmos interesses sobrepõem-se, e o porvir parece que não será alcançado.

De igual maneira, na formação do ser que parte da pequenez para a plenitude do avanço, momento surge que se dá o contrário, iniciando-se a degradação e a morte.

Começa, então, o mecanismo de preparação para o abandono das ilusões, a substituição do encantamento pela realidade do processo evolutivo.

Não sejam de estranhar a decadência das forças, a perda da limpidez das faculdades psíquicas, a indiferença em relação às posses e bens a que se apega de maneira doentia, e não poucas vezes desestruturam o período que se encontra no processo existencial.

Não acostumado à reflexão do pensamento do Senhor, do qual se tomou conhecimento superficial, espera-se pelo milagre da sobrevivência do corpo aos impositivos da consumpção que lhe estão ínsitos.

Cuida de reflexionar em torno da tua jornada material, realizando uma análise dos acontecimentos vivenciados, a avisar de maneira subliminal sobre as ocorrências que virão no futuro.

Assim, vive consciente da construção do teu porvir, que está esperando pelas tuas programações.

Não penses em protecionismo especial para ti e de méritos capazes de conceder-te uma experiência única e prazerosa.

O porvir está sendo alcançado a cada momento.

O que anelavas no passado e tinhas como futuro já se transformou em vivência vencida.

Assim também, o teu hoje é o teu porvir visto anteriormente como algo que estava distante e agora já não tem significado, exceto pelas consequências que ficaram.

Assim sendo, desfruta do teu hoje, fruindo as dádivas da Vida e programando-te para o teu porvir eterno.

Não enfloresças as mensagens de Jesus com as láureas terrestres que Ele rejeitou.

LÁUREA
(M.q.) Laurel; galardão, elogio, homenagem, louvor.

Optou pela renúncia humana para a glória divina, vivenciando dores de todos os tipos e sempre altaneiro, sem pedir ao Pai que o aliviasse. No Calvário, entregou-se à vontade celeste, embora alquebrado e semimorto.

ALTANEIRO
Elevado.

Logo depois, retornando em vida abundante, jamais se queixou ou reclamou, porque Ele era o Embaixador do Céu para elevar a Terra.

Não te deixes embair pelas humanas homenagens, porque tudo vira pó, conforme no começo.

EMBAIR
Induzir em erro; enganar, iludir, seduzir.

Cada desilusão, antagonismo, retaliação de que sejas vítima, agradece, porque estás restaurando o equilíbrio que desarmonizaste.

ANTAGONISMO
Tendência contrária; oposição.

Todo aplauso e recompensa, homenagem e destaque recebe com simplicidade, considerando-te em débito com a Misericórdia de Deus.

Trabalha hoje o teu amanhã e afeita os testemunhos, recordando dos mártires cristãos cujas vidas e mortes comovem-te o coração.

AFEITAR
Demonstrar preocupação excessiva com o emprego das palavras.

Em relação ao teu amanhã, aprende algo fundamental: abandonar emocionalmente tudo quanto te constitui razão de apego. Objetos que te fascinam, propriedades que tornaste encantadoras com arquitetura e organização estética para o conforto excessivo, semoventes de alto preço e raças valiosas, pessoas e as suas amizades, que parecem fundamentais à existência, têm o valor e o significado que lhes são atribuídos, mas chega um momento em que perdem essas características.

SEMOVENTE
Que ou aquele que se move por si mesmo.

Nessa análise, repassa que, se atingires o período da velhice, tens necessidade de outros valores para manter o sentido da vida.

Cada período da existência é portador de significados específicos e, por mais se busque mascarar ou iludir o passar do tempo, a inexorabilidade do porvir obriga a que sejam realizados abandonos e construídos novos sentidos.

Em assim sendo, vive cada momento em clima de totalidade, extraindo todas as possibilidades que estão ao alcance, porque nunca mais a oportunidade se apresentará com as mesmas circunstâncias.

Para que bem possas viver o porvir, recorda-te do já experimentado, das ocorrências que te foram importantes no passado, tentando, pela imaginação, revivê-las, fruindo aquilo a que não deste valor, recusando o que mais tarde demonstrou ser pernicioso e na ocasião parecia-te benéfico e fundamental.

A vida tem as cores que lhe dás, variando do escuro e tenebroso ao brilhante cheio de fulguração.

Não é por acaso que tomas conhecimento dos valores do Evangelho.

Quem o lê jamais permanece como antes.

Desse modo, prepara-te, porque o porvir que esperas já começou.

O hoje é o ontem que já passou e o amanhã que virá.

" ÉCARIDADE MORAL O
PERDÃO DAS OFENSAS, SEJA
DE QUAL NATUREZA SE
APRESENTEM.

JOANNA DE ÂNGELIS | DIVALDO FRANCO

Capítulo 25

Também é caridade

Convencionou-se, através do uso, que a caridade era sempre o hábito de substituir-se a esmola pela generosidade. Estabeleceu-se que, no ato de doar-se, mediante oferta de moedas, víveres, tecidos, utilidades, vivia-se o esplendor da virtude máxima por treinar-se, simultaneamente, o desapego e o abandono das posses escravizadoras.

Talvez possamos enxergar em muitos exemplos de gentileza expressões caridosas. No entanto, mediante o tradicional comportamento, fixou-se a maneira de oferecer especialmente tudo quanto perdera o brilho, a qualidade, pelo uso do seu possuidor.

Realizam-se campanhas em nome da caridade solicitando-se coisas usadas, como se o próximo se transformasse num remendão cuja existência não lhe facultasse experiências originais, objetos úteis e de boa qualidade.

Mudaram-se os conceitos da caridade religiosa tradicional, como o pagamento de promessas, para a oferenda de recursos e oportunidades de crescimento social, trabalhando-se pela conquista da cidadania.

Também há uma contínua informação de que Deus ajuda a quem, por sua vez, ajuda. Barateia-se a virtude por excelência pela troca de benefícios nos quais a maior vantagem ainda é para o doador.

Narra antiga fábula que um homem pobre era sempre beneficiado pelo seu rei.

Certo dia de muita necessidade, ele foi ao palácio suplicar ajuda do seu senhor.

Quando lá chegou e falou com o secretário do rei, foi informado de que o senhor estava orando na capela.

Dirigiu-se ao local e, próximo ao orante, pôde ouvir-lhe a súplica.

Ele pedia a Deus que o ajudasse, pois estava com muitos problemas a resolver e necessidades a atender.

Surpreso, o homem deixou o local e disse ao guarda:

– *Eu pensei que o nosso reino fosse rico e não necessitasse de ajuda.*

Assim, não sendo, se hei de pedir-lhe que me socorra, solicitarei ao Poderoso que me atenda diretamente...

Todos somos necessitados, e a caridade é o sentimento de cooperação amorosa que nos arrasta à solidariedade sob vários aspectos.

Nesse sentido, todo gesto de doação é, sim, de benefício e deve ser estimulado, no entanto, a caridade vai além. Ela busca atenuar o problema do outro, iluminar a jornada em sombras, libertar a consciência obnubilada, caminhar com o necessitado.

Tem natureza moral, como educadora que consola, vínculo de afetividade, impulso para o crescimento espiritual.

Não se detém exclusivamente no teor religioso, mas sim no de natureza moral.

Nesse aspecto reside toda a sua importância. É luz que beneficia o necessitado e clareia o entendimento de quem a esparze.

Quando as criaturas compreenderem o alto significado da caridade, converterão muitos dos seus comportamentos em relação ao seu próximo em companheirismo e fraternidade, contribuindo para que todos encontrem os roteiros de segurança espiritual e que a jornada na Terra tem caráter de aprendizagem e autoiluminação.

As conhecidas virtudes teológicas serão transformadas em conduta moral, cada qual facultando a lapidação de arestas que lhe correspondam ao processo de equilíbrio emocional e de saúde integral.

Já não haverá dissensões banais, filhas do *ego* predominante e com as marcas doentias do orgulho e da presunção, que são enfermidades do Espírito no seu processo de libertação das marcas dominadoras dos instintos primários na fase de evolução.

Será então o momento da caridade sem rotulagem. Hoje constatamos a falta que ela faz nos relacionamentos humanos, e como isso empurra o ser humano para o abismo dos preconceitos e do isolacionismo, tornando-o estranho e antissocial.

Os indivíduos são muito sensíveis; mesmo quando gentis, esperam reconhecimento e louvor daquilo que fazem.

Guardam-se sentimentos de cólera e sofre-se a compressão de mágoas e gravames que devem ser diluídos pelo amadurecimento moral da evolução.

Ninguém é irretocável na sua conduta, de forma que exija dos outros considerações e louvaminhas. E, mesmo quando o seu procedimento é digno, não se fazem necessários reconhecimentos e encantos, porque o seu valor é interno, está no significado da própria realização.

Que baste ao coração a alegria da ação superior, o dever retamente cumprido e o prazer da contribuição sacrificial ou não.

ESPARZIR
(M.q.) Espargir; espalhar(-se); derramar(-se).

VIRTUDES TEOLÓGICAS
Segundo a teologia escolástica, cada uma das três graças espirituais – fé, esperança e caridade – que dirigem a alma a Deus por Cristo.

DISSENSÃO
Estado de litígio; desavença, conflito, disputa.

GRAVAME
Ofensa pesada; afronta, agravo, injúria.

IRRETOCÁVEL
Perfeito, sem necessidade de ajustes.

LOUVAMINHA
Ato ou efeito de louvaminhar; elogio excessivo; adulação, lisonja.

É caridade moral o perdão das ofensas, seja de qual natureza se apresentem.

Uma existência carnal é parte da grande experiência evolutiva, que faculta a promoção a planos superiores da vida.

Tudo que represente o bem, que propicie crescimento moral ou de qualquer natureza, faze-o tu, sem esperar resposta idêntica.

A árvore frondosa e produtiva responde às pedradas e, quando carregada de frutos, doa-os ao seu agressor.

Assim, lapida os teus sentimentos, encontrando alegria em tudo quanto faças, embora nem todos assim se comportem.

FRONDOSO
Que tem fronde ou que se encontra coberto, revestido de fronde (ramos, galhos etc.).

❖

Será ideal quando os nossos compromissos éticos e sociais estiverem matizados de amor, qual acontece com o Universo, que é sustentado pela gravidade, que mantém a sua força de igual maneira em toda parte.

MATIZADO
Adornado, ornado, enfeitado; iluminado.

Quando Jesus esteve dilacerado e triturado pelas dores, poderia ter pedido ao Pai que fizesse justiça aos Seus algozes, no entanto, Ele a todos surpreendeu, suplicando *perdão, porque eles não sabiam o que estavam fazendo*.

Onde se encontram Anás, Caifás, o esbirro do César e ele próprio após a tragédia da crucificação?

ESBIRRO
Funcionário de nível menor em tribunais; agente de polícia, beleguim.

Os Seus dias de glória mentirosa e poder vergonhoso desapareceram no pó dos tempos, enquanto Jesus, o Mártir do Gólgota, permanece socorrendo-os e a todos nós, que não O temos compreendido.

GÓLGOTA
Lugar próximo a Jerusalém, onde Jesus Cristo foi crucificado.

Capítulo 26

Desencanto

Por que te dizes frustrado ante os fatos que transcorrem de maneira inesperada, totalmente fora da tua programação e aturdindo-te?

Tens o roteiro seguro que é a mensagem irretocável do Evangelho de Jesus para seguir sem a menor margem de equivocação, ao mesmo tempo que os benfeitores espirituais te inspiram e socorrem!

Quaisquer previsões dos técnicos em população e futurologia, cujas informações não têm sido confirmadas por motivos diversos, produzem-te choque emocional.

A sociedade da tecnologia e da computação tem comportamentos inesperados de acordo com as máquinas que rapidamente deixam de ser controladas e passam a conduzir as mentes para fins adrede estabelecidos.

A fascinante inteligência artificial parece pretender substituir os seres humanos em muitos misteres transcendentes quanto simples, condenando-os ao ócio dourado, à inutilidade, a novos vícios para a sobrevivência.

O excesso de prazeres produz o tédio e as façanhas antes aterradoras passam a constituir-lhe motivo e estímulo para viver.

FUTUROLOGIA
Conjunto de estudos que especulam sobre a evolução da técnica, da tecnologia, da ciência, da economia, do plano social, com vistas à previsão do futuro.

ADREDE
Com antecipação; previamente.

MISTER
Atividade profissional; ofício, profissão; tarefa que se deve realizar; incumbência, serviço.

As máquinas fomentam o progresso intelectual, mas permanecem insensíveis aos efeitos emocionais e morais, destituídas de sentimentos.

Os longos séculos de castração cultural foram substituídos pela liberação total, e o ser humano passou a ser consumidor em processo de consumpção pessoal.

Afirmou com segurança C. G. Jung que o "ser humano é um animal eminentemente religioso", emocional, que necessita do outro para sentir-se completo.

Esse sentimento religioso não é em torno de uma crença metafísica, um teísmo qualquer ou ausência dele. Trata-se de uma religiosidade acerca dos seus ideais de transformação, de crescimento, de conquista do ser transcendente.

Ele raciocina que a vida, na sua magnitude, não pode finar-se com a morte, com a desintegração celular. Tudo à sua volta fala-lhe de complexidade, de infinitude, porque a ele e ao seu pensamento a fatalidade seria o aniquilamento.

A razão proclama-lhe a perenidade de pensar mediante a presença ou não das funções cerebrais.

Passada a atual crise pandêmica, os valores indubitavelmente serão outros, e a sobrevivência das massas se dará em gloriosos campos de fraternidade e auxílio recíproco.

Neste período de fragmentação social e de cada qual por si mesmo, na alucinada busca do prazer a qualquer custo, a alegria e a revolta andam juntas, de acordo com os ventos que as conduzem. Passa-se do prazer à violência por qualquer motivo e até mesmo quando este não existe, por interpretação precipitada de algum gesto ou expressão.

O respeito pelo direito do outro, o dever de ser aquele quem proporciona a bênção, a satisfação de ser útil cederam lugar ao aproveitar a oportunidade para desfrutar, possuir, mesmo que desonestamente e até por meios escusos e danosos.

Desse modo, é muito fácil passar do entusiasmo de um empreendimento ou de um plano ao desencanto, porque se espera mais do outro, do parceiro, do que da própria capacidade de oferecer.

❖

Não te decepciones com os fatos e pessoas dos quais esperavas muito, na expectativa de diferentes ações e reações.

Afligidos por distúrbios íntimos, neste momento de vanglórias, astúcia e deslealdade, também o amor floresce em incontáveis existências que constituem os biótipos do porvir.

Eles já estão chegando, os mensageiros do Evangelho, sem alarde e com abnegação, chamando a atenção pela grandeza dos seus sentimentos, os ideais de grande envergadura que contrastam com as ocorrências nefárias dos enfermos espirituais.

Empunham a alma do bem ao invés da arma de agressão, possuem espírito de persuasão e são nobres sob quaisquer aspectos considerados.

Desde a infância, demonstram ser diferentes na estrutura moral e psíquica, optando por valores que os aturdidos agridem, mas que são as bases da harmonia interior e da existência feliz.

Outros parecem vencidos ou fora desta realidade de desperdício e de ultrajes, no entanto, estão despertos para realidades mais significativas com as quais se identificam e lutam pela sua implantação.

Assim, continua aspirando pelo melhor, e se por acaso a resposta da vida é negativa, tem paciência, porque ainda não é este o momento do êxito, ainda faltam ser expungidos muitos venenos que permanecem nas mentes e sentimentos de ódio, derivado do orgulho ferido, que a dor não alcançou, mas que não será evitado.

ENVERGADURA
(Fig.) Importância, peso, valor, magnitude.

NEFÁRIO
(M.q.) Nefando; abominável, execrável, infando.

EMPUNHAR
Segurar, pegar.

EXPUNGIR
Apagar, delir, eliminar.

O tempo é um grande amigo da verdade. Tudo que não se consegue em um momento, quando menos se espera, acontece.

Crê sinceramente na vitória do amor, esse hálito de vida que a tudo sustenta, e dá-lhe ocasião para que conquiste a área perversa que o aguarda.

Assim, busca a tua alma no labirinto do teu corpo e sonha que virão os dias que anelas e as pessoas que concebes nos seus dignificantes programas traçados pelo Alto.

Neste momento, evita a contaminação do mal, dos cépticos e cínicos que desdenham da vida e temem a morte, de que não escaparão, satisfazendo-te com as conquistas que te pertencem.

Como pensas e ages em favor da assepsia do corpo, não postergues a de natureza psicológica, cuidando além do visível e preparando-te para alcançar as estrelas além da tua visão.

Desde que te enganaste em relação ao que está acontecendo, muitos existem que te estão utilizando como paradigma, e não tens o direito de decepcioná-los também.

Na tua condição de modelo, deves permanecer irretocável quando outros já não o consigam. Os que te amam e confiam esperam alcançar-te, enquanto laboras por unir-te a Jesus.

Mudanças físicas, emocionais, sociais e sobretudo morais estão acontecendo, e a ti cabe a tarefa de adaptar-te como os teus ancestrais em os novos tempos da industrialização.

O ser humano tem realizado incomparáveis conquistas, caminhando agora para a iluminação interior.

❖

Olha em tua volta com lentes que apresentem as paisagens abençoadas que estão sendo organizadas para o futuro.

Pensa em Jesus e Seu Amor, recordando o que Ele afirmou: — *Antes que vós fosseis, eu já era* —, equivalendo a assinalar que tudo isso Ele sabia que iria acontecer. No entanto, não desanimou, não se frustrou e continua ajudando-nos até hoje.

> O MUNDO ESTÁ CHEIO DE
> RISOS E GLÓRIAS EFÊMERAS,
> QUE SÃO MÁSCARAS
> COLOCADAS EM FACES
> MACERADAS PELAS DORES
> ÍNTIMAS, FRUSTRAÇÕES
> E ANSEIOS QUE NÃO SE
> TORNARAM REALIDADE.

JOANNA DE ÂNGELIS | DIVALDO FRANCO

Capítulo 27

Decisão necessária

izes que é muito difícil a renovação interior, conforme os paradigmas do Evangelho, pelo fato de estarem
muito arraigadas as imperfeições morais ao longo de
sucessivas reencarnações.

Afirmas que experimentas desânimo e tens vontade de
desistir dos compromissos saudáveis em razão do tempera-
mento incontrolável.

Elucidas que admiras os apóstolos da fé cristã e os missionários do bem, mas que não tens fibra para agir à sua semelhança.

Várias tentativas tens feito para viver de acordo com os
postulados da fé espírita: caridade, abnegação e tolerância, por
exemplo. Tens tentado vezes sem conta, e fracassado lamenta-
velmente, quando te dedicas ao programa de autoiluminação.

Parece que uma força desconhecida e inibidora inter-
vém e aumenta assustadoramente os desafios, fazendo-te
fracassar.

Planejas silenciar quando agredido, e no instante do teste
desequilibras-te e reages com violência não menor do que a do
agressor.

VICIOSO
Que possui ou que revela degradação moral ou perversão de caráter; corrupto, depravado.

DULCIFICAR
Tornar agradável, aprazível, deleitável; agradar, alegrar, felicitar.

ESCULÁPIO
O mesmo que médico. Em referência ao personagem da obra supracitada, o médico Dr. Jekyll.

SERVENTUÁRIO
Aquele que serve em um ofício ou cargo.

REMOTO
Distante no espaço; distanciado.

Tentas mudar as imagens mentais viciosas a que estás acostumado. Todavia, a fixação delas é tão forte que não as consegues substituir por aquelas que dulcificam e produzem tranquilidade.

A tua luta interior é forte e sem trégua, como se fosses dois seres em apenas um corpo.

Um deles harmoniza-se com a Natureza, encanta-se com a beleza em todos os seus aspectos. O outro zomba dos teus anelos de aperfeiçoamento moral, oferecendo-te o prato recheado de prazeres turbulentos que te consomem os bons propósitos.

Tens a impressão de que, à semelhança do personagem de *O médico e o monstro*, predominem as aberrações mentais e morais do facínora, apesar das gentilezas e bondades do esculápio.

Enquanto meditas ou lês páginas edificantes que te conduzem o pensamento à elevação moral e sentes necessidade de corresponderes à expectativa, embriagas-te de alegria. No entanto, quando passa o momento de emoção superior e vês o mundo com as facilidades e descompromissos éticos, as tuas resistências espirituais cedem campo à vulgaridade e sentes o tormento da busca dos vícios em que te comprazes.

Observando os frívolos e serventuários do deboche e das manipulações dos veículos de degradação humana, percebes que esta é tua oportunidade de fruir a experiência, sorvendo o licor das paixões animalizantes, que após vivenciadas te conduzem ao vazio existencial, ao tédio perigoso, à perda de sentido.

É compreensível que assim suceda, porquanto o hábito doentio te assinala a jornada e a virtude apenas se te apresenta como possibilidade algo remota.

Desse modo, não desistas de repetir as tentativas corretas até o momento em que se te fixem como hábitos saudáveis.

Repete mil vezes a experiência que resultou negativa. Treina o sentimento novo e insiste, a fim de que se torne um fenômeno psicológico normal.

Não desistas do amor, já que ele, de variadas formas, chega a ti sem desistência.

❖

As edificações grandiosas começam no planejamento.

As enfermidades devoradoras instalam-se quando o organismo deperece.

As guerras se originam nos períodos em que a paz se debilita.

As condutas de menor porte desgastam as forças morais que, a pouco e pouco, esgotam-se.

Não antecipes em tuas tarefas resultados pessimistas, porque a falta de entusiasmo compromete o trabalho e traz derrota antecipadamente.

Utiliza-te da oração, a fim de fortaleceres as meditações.

Não creias que essa é uma terapia religiosa piegas. Trata-se de uma energia que, bem canalizada, responde com segurança à aspiração humana.

Entre o fazer e o não realizar o bem, opta por praticá-lo e verás que o resultado é surpreendente.

Contorna com paciência as situações perturbadoras, evitando envolver-te nas suas malhas constringentes.

Estás na Terra para que te reabilites de enganos e crueldades. Não te surpreendas com algumas ocorrências e circunstâncias desastrosas.

As Leis Universais são inderrogáveis, funcionando com igual rigor em toda parte, para com todas as criaturas.

Aprende solidariedade e pratica-a, porque a Terra também necessita de ti para evoluir tanto quanto necessitas tu.

DEPERECER
Perder gradativamente a força; enfraquecer-se, debilitar-se, definhar.

PIEGAS
Que ou quem é exageradamente sentimental.

CONSTRINGENTE
Que cinge apertando; que estreita.

INDERROGÁVEL
Que não se pode derrogar; não anulável, não revogável.

Não adies mais a tua decisão de iniciar o programa de redenção.

Torna-te importante onde te encontres, e sê tu quem gera simpatia e bem-estar.

Talvez os teus colegas não prestem muita atenção em quem tu és, o que fazes, a forma como vives. No entanto, quando não possas estar presente, que todos sintam a falta da tua pessoa gentil e discreta.

EFÊMERO
Que é temporário; passageiro, transitório.

O mundo está cheio de risos e glórias efêmeras, que são máscaras colocadas em faces maceradas pelas dores íntimas, frustrações e anseios que não se tornaram realidade.

MACERADO
(Fig.) Abatido, desgostoso, angustiado.

Ademais, são incontáveis os números daqueles que são atormentados por Espíritos ociosos, perversos, adversários do passado em processos danosos de obsessões de longo porte.

O desconhecimento da interferência dos Espíritos desencarnados na existência das criaturas humanas é um terrível fator de sofrimentos de toda espécie para a vida física na Terra.

Tendo-se em vista a realidade do ser imortal, acumulam-se as ações nas diversas existências corporais, gerando situações correspondentes a elas mesmas.

PRECATAR
Acautelar(-se), prevenir(-se).

Eis por que a proposta *orai e vigiai* é de importância capital, auxiliando as criaturas humanas a precatar-se desse mal que domina grande parte da população terrestre.

Um jovem desejou seguir Jesus, mas deveria antes enterrar o pai que morrera e, por causa de um corpo morto, perdeu o amanhecer da vida feliz.

PULULAR
Proliferar com rapidez e em grande quantidade.

Vigia tu, porque os mortos para a Verdade pululam, e os vivos, os cantores da imortalidade, encontram-se no teu caminho.

Reflexiona e elege o que te seja melhor.

Capítulo 28

Quem eram eles?

ndaga-se amiúde se os apóstolos por Jesus pessoalmente escolhidos entre os Seus discípulos deviam ser personalidades respeitáveis e famosas da Casa de Israel.

AMIÚDE
Repetidas vezes, com frequência.

São Lucas refere-se que, *naqueles dias* de dificuldades e lutas, Ele os escolheu em número de doze, a fim de darem prosseguimento ao ministério que houvera iniciado em Nazaré.

O Seu discurso em Nazaré, naquela ocasião, gerara um grande tumulto na sinagoga onde se realizavam os estudos das Escrituras de maneira monótona e repetitiva.

SINAGOGA
Lugar onde se reúnem os israelitas para o exercício do seu culto.

Todos que lá estavam conheciam-nO na condição de modesto carpinteiro, cujo pai exercera a mesma profissão, e não era dotado dos conhecimentos que apresentara ao interpretar o texto do pergaminho sorteado para aquela manhã.

Sim, todos O conheciam, mas em realidade não sabiam quem Ele era!

Principalmente a Sua enigmática resposta ao homem que O interceptara, dizendo: – *Jesus de Nazaré, eu sei quem Tu és.*

Ao que Ele respondera com veemência e autoridade: – *Cala-te, pois que não é ainda a minha hora.*

VEEMÊNCIA
Vivacidade, energia, vigor.

Parecia que Ele estava em um delírio. As pessoas e seus parentes, sempre fanáticos, agarraram-nO e O levaram para atirá-lO do alto do monte, pelo que consideravam blasfêmias ditas.

Ao enunciar o discurso baseado nas palavras do pergaminho que narrava parte das tradições do país e do seu povo, causaria, qual ocorreu, terrível surpresa, algo dantes não imaginado.

Naquelas dificuldades políticas e descontentamentos generalizados, esperava-se solução milagrosa com a destruição de Roma e dos seus domínios para a supremacia da raça ora submissa.

As Suas palavras, no entanto, não eram para a guerra, e sim para a preparação do Reino de Deus nos corações, e não nos horizontes terrestres.

De alguma forma já eram conhecidas algumas das Suas ideias pacifistas e misericordiosas, que sempre geravam desagrado entre os violentos e apaixonados belicosos.

Mais surpresos ficaram os rebeldes quando Ele desapareceu das suas mãos criminosas.

Assim, quando Ele apareceu na praia, na Galileia distante, para disseminar o Seu programa, alguns fariseus e sacerdotes exploradores buscaram meios para matá-lO.

O povo, sempre manipulado pelo poder arbitrário, padecia com as suas paixões e ódios.

Foi então que Ele resolveu convocar os Doze.

Todos eram pessoas simples, alguns analfabetos, uns seis pescadores, um ex-cobrador de impostos, também odiado, um de fora da região, temperamentos diferentes, interesses relativamente pequenos pertinentes à sobrevivência.

Não havia um príncipe, um doutor em leis, um administrador, alguém que se destacasse na multidão e cujo nome estivesse aureolado pelas glórias e destaques do mundo.

Todos eram simples e pertenciam ao povo lutador, não acostumados com as regalias que os destaques sociais e econômicos concedem aos seres humanos, especialmente nos grandes momentos.

❖

Eles tiveram muita dificuldade em adaptar-se ao grupo, porque tudo era sutil e escapava de imediato à sua percepção.

Não estavam acostumados a atividades transcendentais e nem se acreditavam capazes de realizar algo que fosse além das suas aspirações do dia a dia.

Somente mais tarde, à medida que conviviam com Ele e participavam do Seu comportamento, foram identificando quem Ele era e qual a Sua Mensagem.

A coragem e o destemor sereno com que se conduzia geravam embaraços naquele grupo simplório e algo alienado.

Era, no entanto, com a sua cooperação que Ele formaria o discipulado, o apostolado que a todos quase levaria, gloriosos, ao holocausto, sob as armas odientas dos triunfadores de mentira.

Apesar da Sua fidelidade à Lei de Moisés, depois que Ele foi crucificado, Tiago foi martirizado, iniciando-se a gloriosa era do martírio em Seu nome e da Sua Doutrina.

Eles próprios perguntavam-se discretamente após as pregações: por que eles, tão desinformados e desconhecedores dos Seus projetos e aspirações?

Com certeza eram-Lhe conhecidos e Ele sabia que, embora recobertos pela matéria putrescível, seriam capazes de enfrentar todos os percalços da luta e provar fidelidade nas mais difíceis situações. Era questão de tempo e de convivência.

Alguns, iguais a todas as criaturas, equivocavam-se, tinham dúvidas e medos que Ele diluía com a Sua sabedoria e misericórdia.

Mantinham os seus defeitos: inveja, ciúmes, disputas, mágoas, mas estavam preparados interiormente para o que viesse a acontecer, implantando a Mensagem nos corações e vidas no mundo...

PUTRESCÍVEL
Suscetível de se putrefazer ou de apodrecer.

A princípio, porque eram frágeis, auxiliavam-se reciprocamente e trabalhavam dois a dois, a fim de que não perecessem na fé.

Fortalecidos depois do Pentecostes, enfrentaram os povos com o seu verbo luminoso e seus incomparáveis fenômenos curadores e fascinantes.

Sob as bênçãos do Espírito Santo, libertavam os enfermos e obsidiados, os cegos, os surdos, os mudos, os aleijados do seu cárcere.

A fé ardente que os incendiava aquecia as vidas enregeladas pelas circunstâncias infelizes em que se tornaram vítimas.

Quando aprisionados e levados aos cárceres vergonhosos, enfrentavam a morte com alegria e estoicismo, cantando em exaltação da imortalidade, o que mais alucinava os seus perseguidores.

Nada tinham a deixar ou a perder, exceto o exemplo de fé e de abnegação.

Foi graças a eles, portanto, que o mundo de então tomou conhecimento de Jesus e o Império Romano dobrou-se diante da Sua Majestade.

O Espírito é o grande investimento da Divindade, e Jesus até hoje ama em espírito e verdade.

Amados hoje por aqueles aos quais auxiliaram, são os seus guias espirituais e mentores que velam pela Humanidade e a conduzem no rumo da harmonia.

❖

Utilizando Lucas, afirmamos que *nestes dias* o Reino de Jesus expande-se nos corações, e Jesus está convocando novamente os Seus Doze para a implantação da paz na Terra e o Reino de Deus nos corações.

> " A JORNADA HUMANA É SEMPRE A MESMA PARA TODAS AS CRIATURAS, DIFERENCIANDO-SE EM FACE DOS MÉRITOS POSSUÍDOS EM EXISTÊNCIAS TRANSATAS.
>
> JOANNA DE ÂNGELIS | DIVALDO FRANCO

Capítulo 29

Decisão de plenitude

Quando, no Mundo espiritual, delineaste a jornada terrestre, não temeste aceitar as responsabilidades da jornada por caminhos pedregosos e com altos riscos necessários ao progresso de que tens necessidade.

Solicitaste umas e outras dificuldades a fim de fortaleceres a vontade, pensando nos futuros enfrentamentos.

Já conhecias o mapa no qual estão as injunções penosas que te cabiam enfrentar.

Jesus houvera definido o comportamento que enfrentarias no transcurso das realizações autoiluminativas numa síntese incomum: – *No mundo somente tereis aflições* –, sendo taxativo, sem permitir quaisquer devaneios de facilidades ou concessões especiais.

A jornada humana é sempre a mesma para todas as criaturas, diferenciando-se em face dos méritos possuídos em existências transatas.

Essas angústias e apreensões da batalha humana receberam uma conclusão poderosa e compensadora: – *Mas lembrai-vos de mim, eu venci o mundo.*

TRANSATO
Que já passou; que já não existe mais; anterior, passado, pretérito.

Trata-se de fundamental exposição de palavras. Sempre se busca a vitória no mundo, e não sobre as exigências do mundo, que é a aquisição dos valores espirituais sem abandono dos deveres humanos no mundo.

Há uma certa fantasia humana a respeito da existência corporal, que é considerada quando se vence no mundo dos negócios, dos destaques, nos banquetes dos relacionamentos sociais.

Bem pouco se pensa na vitória sobre as más inclinações, as tendências do egoísmo desenfreado, das extravagâncias e seus prazeres. Todavia, o mundo tem as suas leis e exigências, imposições e mecanismos que propelem ao triunfo, normalmente sobre os outros processos escusos e arbitrários.

O verdadeiro cristão é parecido com todos os indivíduos, diferindo na conduta moral, que se baseia essencialmente nas diretrizes do Evangelho de Jesus, que muitas vezes parecem impossíveis de ser vivenciadas. De tal forma, o materialismo do comportamento tomou conta do ser humano, que as atitudes saudáveis e dignas cedem lugar a situações embaraçosas a princípio, mas que se tornam naturais e aceitas com o contínuo uso.

O desequilíbrio das massas é tão chocante pelos absurdos cometidos, porém se vem impondo e tornando-se natural.

Não estranhes, agora que te encontras em plena realização humana, a dificuldade em ser fiel ao programa que traçaste e vens atendendo.

Cada criatura possui o seu próprio roteiro e a tudo examina conforme a sua capacidade de entendimento.

Quando não possui sequer o discernimento para avançar pelo seu caminho, embaraça-se na observação dos outros, combatendo-os, às vezes, com ferocidade.

Calúnias bem urdidas, difamações bem trabalhadas, **acosso** moral e de outras espécies são elaborados a fim de deter

ACOSSO (M.q.) Acossamento; agressão ou ataque incessante, durante perseguição.

o avanço daqueles que estão resolutos nas suas decisões de triunfo.

E geram situações perturbadoras, complexidades sem conta que se somam aos desafios pessoais das suas vítimas.

Nesse comenos, o desânimo, a revolta, a angústia assenhoreiam-se dos seus atribulados sentimentos e o levam à deserção, ao desencanto, à fuga...

COMENOS
Ocasião, oportunidade, instante.

Não aceites o lixo moral daqueles que se te opõem por inveja, ciúme e estão mentalmente dirigidos por Espíritos desencarnados infelizes.

Estrada afora apresenta necessidades e conquistas, cabendo ao viajante eleger os espaços que melhor lhe aprouverem.

APRAZER
Causar ou sentir prazer; contentar(-se); agradar(-se), deleitar(-se); prazer.

Foca a mente no teu objetivo e não percas o tempo em programas de autodefesa, de acusações recíprocas, de ferimentos internos.

Estás atravessando uma noite que não esperavas ou que supunhas de breve duração.

Aumentam as sombras no território em que te encontras e é indispensável que faças luz.

Não reclames da treva e, com habilidade, faze claridade, projetando um raio que seja.

Não clames contra o lamaçal, pondo-te a abrir em silêncio valas para que o lodo escorra e a terra gentil apareça.

Estás em uma expedição educativa que solicitaste e que deve ser bem administrada, a fim de que sejam úteis os seus resultados até o momento do triunfo que alcançarás, mesmo que sob desafios.

EXPEDIÇÃO
Viagem. Refere-se à trajetória carnal do Espírito na Terra.

Serás mais alguém que vencerá o mal e estadeará a luz de amor sem fim no tremedal.

ESTADEAR
Exibir orgulhosamente; ostentar.

TREMEDAL
Área pantanosa, lamacenta; lodaçal, charco, paul.

Não te surpreendas com os panoramas terrenos que se te apresentam à imaginação rica de imagens belas e de sonhos mágicos de felicidade.

Por enquanto, ainda estás na sementeira e poderás eleger, criar um jardim ou pomar, um sarçal ou região amaldiçoada pelo abandono.

SARÇAL
Extenso aglomerado
de sarças em
determinada área;
silvado, silveira, silveiral.

Porque é noite, não te queixes de escuridão, antes procura as estrelas que brilham acima da tua cabeça. Se olhas para baixo, verás desafios; mas se ergues o olhar para o alto, encontrarás diamantes luminescentes.

Por enquanto, a luta será perversa, parecendo intérmina.

Sempre é necessário ter o olhar dirigido à frente, conquistando, passo a passo, o terreno que deves vencer.

Amanhã é dia de imortalidade e luz viva.

❖

DESCOROÇOAMENTO
(M.q.) Desacorçoamento;
falta de ânimo ou
coragem; desalento; falta
de esperança; desilusão.

Jamais te permitas o descoroçoamento.

A cada queda, avança dois passos...

A cada conquista, agradece a Deus.

Vencerás e serás livre no amor, quando venceres a tua própria escravidão e conseguires amar sem restrições.

A caminhada não para, porque a conquista que te aguarda é o Infinito.

TENDE ÂNIMO
E DAI-VOS AO AMOR.

JOANNA DE ÂNGELIS | DIVALDO FRANCO

Capítulo 30

Missiva de amor

Considerando-se as inestimáveis conquistas hodiernas, crê-se estar no apogeu das glórias aneladas. Nada obstante, a dor expressa-se, concomitantemente, exaurindo existências programadas para a plenitude e as paisagens humanas parecem perder-se no caos que toma conta de tudo...

Os sorrisos festivos apresentados nos veículos de comunicação que são oferecidos à sociedade feliz são máscaras que disfarçam ou ocultam graves dilacerações do sentimento e da esperança.

Sonhos acalentados com as ambições da felicidade convertem-se em terríveis pesadelos, que retiram a bênção do repouso onírico.

Há manifestações de ternura e de amor no festival primaveril da juventude, que se convertem em libações destrutivas ou ânsias insaciáveis de prazeres desmedidos.

O organismo humano, embora a sua sublime e complexa engenharia organizadora, possui limites de resistência que não podem ser ultrapassados.

A mente em desvario utiliza-se do corpo como se fosse a máquina inquebrável e injustificável, equivocando-se quanto às próprias forças de manutenção e, disparando

HODIERNO
Atual, moderno, dos dias de hoje.

APOGEU
(Por ext.) O mais alto grau; o auge, a culminância de (algo).

ONÍRICO
Relativo a, próprio de ou da mesma natureza dos sonhos; sonial.

LIBAÇÃO
Ato de tomar bebidas, esp. alcoólicas, por prazer ou para se fazerem brindes.

DESVARIO
Falta de lucidez; delírio, tresvario.

ondas de desequilíbrio vibratório, termina por deteriorar-se, desorganizando todos os esquemas elaborados de preservação do conjunto.

Tudo brilha e exterioriza beleza no Cosmo, quando se tem sensibilidade para perceber, exaltando o Criador.

Céus estrelados de diamantes fulgurantes que se apagaram, mas cuja luz ainda está irradiando claridade nos espaços infinitos, ou novíssimas estrelas que se apresentam em primeira grandeza, invitando a reflexões profundas, são ignorados mundos que exaltam a grandeza de Deus.

Irradiações do Divino Amor que mimetiza tudo e todos, facilitando a realização emocional para a harmonia, convertem-se, por imprevidência, em tormentos elaborados pelo egoísmo e pela ignorância das Leis do Equilíbrio Cósmico.

Complexos instrumentos e sublimes arpejos favorecem a composição sinfônica da alegria de viver.

A insatisfação, porém, filha da inveja e da corrupção interior, gera a competição infeliz, e a ambição decreta o ódio destrutivo, que se encarrega de aniquilar a paz e o companheirismo nobre, gerando desarmonias nos grupos, famílias e dando lugar a guerras lamentáveis.

Olhai em derredor, Espíritos queridos, e anotareis os paradoxos em que a maioria dos seres humanos se acotovela, em faina tormentosa...

Não vos deixeis atrair pelas vitórias de Pirro, sem significação real.

Nosso Herói e Modelo nasceu em modesta manjedoura entre animais domésticos, assessorado pelos anjos, e morreu numa cruz de impiedade, abraçando a Humanidade com o seu inefável Amor.

Sois filhos do coração fiel a Jesus, o Amor não amado, e nunca sentireis a solidão devastadora, porque em Seu nome estaremos, os vossos guias espirituais, auxiliando-vos.

MIMETIZAR
Assumir por meio de mimetismo (a forma de).

IMPREVIDÊNCIA
Falta de previdência, de previsão; descuido, desleixo, negligência.

ARPEJO
Série de três ou mais sons que formam um acorde, executados um em seguida ao outro, de modo mais ou menos rápido, geralmente em instrumento de cordas.

DERREDOR
No espaço que circunda ou rodeia; à roda, ao derredor, ao redor, à volta, em derredor, em roda, em torno, em volta.

FAINA
(Fig.) Trabalho prolongado, desgastante; lida, quefazer.

VITÓRIA DE PIRRO
Vitória que traz quase tanto prejuízo ao vencedor quanto ao derrotado.

MANJEDOURA
Tabuleiro fundo em que se põe comida para animais em estábulos; cocho, manjedoura, manjedoira.

Cultivai a alegria, esparzindo esperança e consolo por onde passardes, acolhendo no coração com dúlcidas palavras de carinho, e acumulareis tesouros de inalienável significado.

Uni-vos em família, entoando o hino da fraternidade sem fronteiras, sem qualquer preconceito, e estareis conectados com o inefável Companheiro, que nos espera há vinte séculos.

Brilhe a luz do amor e exultai nessa hora grave da sociedade terrestre.

Estais chamados a trabalhar na Sua vinha de luz.

Testemunhos de fidelidade ser-vos-ão exigidos, renúncias e silêncios íntimos multiplicar-se-ão, no entanto não conseguirão diminuir o entusiasmo nem a ventura por haverdes sido convidados a essa ágape de redenção.

O mundo de Mamom ainda não O entende e tudo deposita no ter, no gozar, no reter. A ilusão de eternidade da juventude e do gozo, da posse e do destaque social anestesia o entendimento e o raciocínio de muitos, mas o suceder do tempo é inexorável, e momento chega exigindo reflexão e mudança, talvez um pouco tarde. Apesar disso, sempre há uma possibilidade para recomeçar, para redimir-se...

Vós outros ouvis a brisa cantante que sopra das margens do Mar da Galileia, chamando-vos suavemente, para que seja hoje o dia da iniciação, caso ainda estejais aguardando, e, se já trabalhais, estimulando-vos a vencer o cansaço, a ardência do dia ou a friagem do entardecer...

Permanecei atentos e cuidadosos com a musicalidade especial que nunca mais desaparecerá da Terra.

Não tergiverseis, não temais!

Nossas vozes abafarão os ruídos da alucinação deste momento em toda parte e uma suave emoção de ternura embalará a Terra.

Tende ânimo e dai-vos ao amor.

VENTURA
Sorte boa ou má; acaso, destino, fortuna.

ÁGAPE
Festa dos primitivos cristãos que consistia em uma refeição comum com a qual era celebrado o rito eucarístico.

INEXORÁVEL
Que continua indefinidamente; que não se pode evitar; inevitável, infalível, irremissível

TERGIVERSAR
Usar de evasivas, rodeios ou subterfúgios; inventar desculpas ou pretextos.

Anotações